Le Rangement

pour les nuls

Le Rangement

pour les nuls

Philippe Chavanne
Héloïse Martel

FIRST Editions

Le Rangement pour les Nuls

Éditions First, un département d'Édi8
12, avenue d'Italie
75013 Paris – France
Tél. : 01 44 16 09 00
Fax : 01 44 16 09 01
Courriel : firstinfo@editionsfirst.fr
Site Internet : www.pourlesnuls.fr

ISBN : 978-2-7540-8924-1
Dépôt légal : août 2016

Imprimé en Italie par La Tipografica Varese Srl
Suivi éditorial : Christine Cameau
Illustrations : Stéphane Martinez
Index : Muriel Mekies
Couverture et maquette intérieure : KN Conception

Sommaire

À propos des auteurs

Avant d'être un auteur reconnu de livres pratiques, avec plusieurs titres primés au niveau international, **Philippe Chavanne** a débuté sa carrière en tant que journaliste de presse écrite. À cet égard, il a collaboré à de nombreux médias francophones européens, mais a aussi signé des articles dans un journal seychellois et un magazine sud-africain.

Parallèlement, il a sillonné le monde, enchaînant à une cadence soutenue les voyages aux quatre coins de la planète en compagnie de son épouse photographe.

Si, aujourd'hui, Philippe Chavanne vit avec son épouse sur une île méditerranéenne où il cultive autant sa passion pour l'écriture que ses vignes et ses oliviers, il continue à privilégier une maison accueillante et conviviale, où chaque objet a trouvé sa juste place, où chaque place accueille un objet déterminé et où, au final, tout reste sympathiquement rangé.

Essentiel, ce sens du rangement – cet art du rangement, disent même certains –, Philippe Chavanne l'a méticuleusement cultivé. Peaufiné. Un peu partout dans le monde au gré de ses voyages, mais surtout chez lui bien entendu. Maniaquerie ? Rigidité ? Allons donc ! Simplement le légitime désir et l'indéniable besoin de se sentir aussi bien dans sa tête que dans sa maison : il est en effet impossible d'avoir de l'ordre dans ses idées et dans sa tête au milieu d'un environnement qui n'est que chaos, désorganisation, fatras et pagaille.

Héloïse Martel, journaliste et mère de famille nombreuse, est l'auteur de plusieurs best-sellers dans le domaine de la cuisine aux éditions First. Elle a également publié, en collaboration avec Manuela Xavier, *Une maison toute propre pour les Nuls* (First, 2014).

Introduction

Lorsque l'on passe, comme l'auteur, rapidement d'un hôtel cinq étoiles aux Seychelles à une case sur pilotis perdue au milieu des rizières à la frontière sino-vietnamienne, quand on passe d'un lodge kenyan au milieu des éléphants, des lions et des zèbres à un campement à la belle étoile au fin fond du Sahara, ou encore d'un camping-car en Malaisie à un hôtel-observatoire au pied d'un volcan en éruption au cœur du Costa Rica, il y a intérêt à ce que le sac de voyage soit toujours impeccablement rangé. Bien en ordre. Devoir retourner tout le bagage chaque fois que l'on cherche un tee-shirt, la trousse de toilette, les Pataugas ou un carnet de notes est une inutile perte de temps. Plus encore : cela provoque énervement, stress et inconfort ! Au contraire, pour que le voyage soit agréable et facile, pour gagner autant de temps que de confort, mieux vaut savoir où se trouve chaque objet. Le bon vieil adage « une place pour chaque chose et chaque chose à sa place » contribue aussi à la réussite du voyage.

De même, rentrer chez soi après quelques jours ou plusieurs semaines de voyage pour retrouver une maison sens dessus dessous, pour retrouver un véritable capharnaüm, n'a vraiment rien d'exaltant. Rien d'accueillant. Rien de convivial. Rien de sympa. Cela ne donne qu'une seule envie : refermer aussi vite la porte d'entrée, tourner les talons et prendre ses jambes à son cou ! À l'opposé, revenir d'un voyage (ou, plus simplement, revenir du bureau après une journée éreintante ou d'une séance marathon de shopping) et ouvrir la porte sur une maison propre et parfaitement en ordre a un petit quelque chose de « home sweet home » retrouvé.

Tout le monde l'aura compris : le mot d'ordre est, justement... ordre. Et donc rangement. Que ce soit en voyage ou – surtout ! – chez soi, il est impossible de se sentir bien au milieu d'un fouillis inextricable, d'une série d'amoncellements aussi épars qu'hétéroclites ; en un mot, au cœur d'un véritable foutoir.

Pièce par pièce, de l'entrée jusqu'à la chambre, du salon jusqu'à la salle de bains en passant par la cuisine, le bureau ou la chambre d'enfants, Philippe Chavanne livre ici toutes ses meilleures astuces de rangement. Tous ses plus précieux conseils testés et éprouvés par de longues années de pratique. À celles et ceux qui s'imaginent à tort que le fait de ranger sa maison est une perte de temps ou une tâche dégradante, ce livre répond de manière plus réaliste et positive par les mots *épanouissement*, *valorisation de soi*, *convivialité*, *confort* et *bien-être*.

À propos de ce livre

Contrairement à ce que certains peuvent penser, ranger n'est pas un concept abstrait. Loin de là ! C'est une décision à prendre. Une action – valorisante parce que l'on voit immédiatement le résultat et épanouissante parce qu'elle apporte un réel mieux-être – qui prend quelques heures ou, au plus, quelques jours. On s'en fait parfois une montagne, alors qu'un peu d'organisation et quelques astuces permettent de mener assez facilement la tâche à bien.

La perfection n'étant pas de ce monde, ce livre ne se donne pas un objectif aussi ambitieux. Pas plus qu'il ne veut transformer chaque lectrice ou lecteur en dangereux maniaque du rangement. Il n'est pas question de métamorphoser chaque maison, chaque appartement, chaque studio en une sorte de musée sans vie où personne n'oserait toucher et encore moins déplacer le moindre objet. Au contraire ! 100 % pratique, bourré d'astuces et de conseils, il ambitionne d'apprendre les bases d'un rangement efficace et durable. D'apprendre à chacun à s'organiser. D'offrir à chaque objet une place définie et d'offrir à chaque place un objet ou un type d'objets déterminé. En un mot comme en cent, il vise à rendre l'habitation plus accueillante, plus agréable, plus sereine, plus facile à vivre.

Difficile, voire insurmontable ? Allons donc ! Nul besoin d'une tonne de matériel. Nul besoin non plus d'énormément de main-d'œuvre. Souvent, un simple coup d'œil permet de repérer immédiatement ce qui ne va pas dans une pièce. Ce qu'il faut changer. Améliorer. Trier et jeter. Et ranger. Pour y arriver, quelques conseils sont utiles. Et quelques règles – la plupart du temps des règles de simple bon sens – doivent servir de lignes de conduite. C'est tout. Ou presque... Il n'en faut pas beaucoup plus pour devenir le roi ou la fée du rangement. Pour enfin se réapproprier son habitation. Pour que rangement et changement soient des réussites. Et soient durables.

Avant de se retrousser les manches, paraphrasons un célèbre dicton populaire : « Pour vivre heureux, vivons... rangés ! »

Comment ce livre est organisé

Pour plus de facilité, ce livre s'articule autour de plusieurs parties, elles-mêmes subdivisées en chapitres idéalement complémentaires. Il est possible de consulter chaque partie indépendamment de toutes les autres ou, au contraire, d'envisager le rangement de la maison (et ce livre) comme un tout à compulser de A à Z.

Partie 1 : Le rangement, c'est (aussi) dans la tête !

Et voilà ! « C'est au pied du mur qu'on voit le maçon », affirme un dicton populaire. Et c'est au pied des tas de vêtements et des amoncellements d'objets les plus hétéroclites que l'on découvre celui ou celle qui veut mettre un peu d'ordre dans tout ça. Donc, le grand moment est arrivé ! Le moment de prendre son courage à deux mains. De retrousser ses manches. De se motiver. De garder ses bonnes résolutions en tête. De ne surtout pas flancher devant l'énormité du boulot à accomplir. Enfin quoi : ce ne sont pas un tas de vêtements empilés sur le lit, un amoncellement de DVD jetés en vrac au fond du divan ou une pile de papiers administratifs qui vacille dangereusement sur le comptoir de la cuisine qui vont briser ce bel élan ! Ce n'est vraiment pas le moment de se dire : « Pffff ! Je m'y mettrai plutôt demain... » Allons, allons. Plus de mauvais prétextes. Plus de faux-fuyants. Au boulot ! Enfin presque... Car avant de s'y mettre vraiment, avant de commencer à trier, jeter, caser, classer, ranger... il y a un concept essentiel dont il faut impérativement tenir compte pour que le rangement de la maison soit efficace et que son effet se prolonge sur le long terme. En caricaturant juste un petit peu, il est possible de résumer ce concept en une seule phrase : le rangement, c'est aussi dans la tête ! Reprise en chœur par nombre de psychologues et par les plus grands gourous du rangement, l'idée première est double. D'une part, la maison doit être considérée pour ce qu'elle est : un formidable refuge où il est possible de se ressourcer. D'autre part, il est impossible d'avoir les idées claires, d'être « bien dans sa tête » comme l'on dit familièrement, dans une maison qui n'est que fatras, fouillis et désordre. Le chaos dans la maison entraîne immanquablement le chaos dans la tête. Il n'est bien entendu pas question de se lancer dans de grandes théories psychologiques, mais plutôt de mettre l'accent sur les notions de base qui rendent le rangement de la maison tout à fait essentiel et sur les liens forts et étroits qui lient le rangement de la maison et le bien-être moral et physique de ses habitants.

Partie 2 : « Bienvenue chez nous ! »

Quelle est la toute première pièce de la maison que l'on retrouve le soir, après une journée de travail harassante et des heures passées dans les transports en commun bondés ou les embarras de la circulation ? Quelle est aussi la toute première pièce que découvrent les amis qui viennent en visite ? C'est l'entrée, bien entendu ! Injustement reléguée au simple rang de zone de transit entre l'extérieur et les pièces de vie de la maison, c'est pourtant l'entrée qui donne la toute première impression des lieux. Pimpante, bien rangée, joliment décorée, soigneusement aménagée, elle est alors accueillante et engage les personnes à s'enfoncer plus loin dans la maison. Elle augure de pièces de vie à son image : harmonieuses et confortables. En revanche, lorsqu'elle sert de simple pièce fourre-tout, lorsque les manteaux s'y entassent en piles instables sur le portemanteau, lorsque les chaussures s'y amoncellent en vrac sur le sol, lorsque les clés y sont enfouies sous un tas de courrier déposé à la va-vite, elle n'a rien d'accueillant. Rien de cosy. Rien de chaleureux. Elle donne avant tout une image assez détestable de la maison… et de ses occupants qui, toujours, « font leur entrée » à leur image. Plus loin dans la maison, le salon, la salle à manger, le coin bureau… sont également des pièces de vie essentielles.

Autant pour les occupants habituels des lieux que pour les invités de passage. Pour les uns comme pour les autres, un environnement bien aménagé et ordonné renforce le sentiment de convivialité et de bien-être.

Partie 3 : L'âme de la maison

Si l'entrée fournit la toute première impression – bonne ou mauvaise – de la maison, si le salon et la salle à manger en sont les principales pièces de réception et de vie, la cuisine a été et reste la véritable âme des lieux. Jadis, elle était parfois injustement considérée comme une pièce de l'ombre. Une sorte de coulisse des pièces de vie. Pourtant, au-delà de cette image réductrice, la cuisine a de tout temps été un haut lieu de chaleur, de partage et de convivialité. Il n'y a pas si longtemps de ça, nos aïeux – grands-parents ou arrière-grands-parents – en avaient fait le véritable cœur du foyer. La pièce où l'on préparait les repas, certes, mais aussi celle où l'on se tenait douillettement au coin du feu, où l'on se racontait toutes les histoires du village et de la région, où les femmes se transmettaient discrètement recettes, astuces et tours de main au-dessus des fourneaux. Dans la seconde moitié du XXe siècle et jusqu'à récemment, cette pièce a été délaissée par les ménages qui se sont laissés prendre au piège d'une malbouffe industrielle dont on connaît aujourd'hui les méfaits et les dangers. Cuisiner ? Quelle horreur ! Alors que les grandes surfaces proposent tant de préparations toutes faites et « prêtes à mâcher » disponibles en conserve, surgelées ou prétendument fraîches. Heureusement, la tendance s'inverse à nouveau et de plus en plus de familles aussi soucieuses de leur budget que de leur bien-être et de leur santé renouent avec les joies et les bienfaits de la cuisine « maison ». Cerise sur un gâteau qui s'annonce gourmand : pour arriver à mitonner de bons petits plats avec plaisir et facilité, une cuisine en ordre est un véritable « plus ». Bien agencée, bien rangée, soigneusement ordonnée, la cuisine devient ou redevient une pièce où il fait vraiment bon vivre.

Partie 4 : Pièces d'eau

Lorsque l'on évoque des pièces d'eau, certaines images – un peu bucoliques, peut-être – viennent immédiatement à l'esprit.

Apparaissent ainsi une mare à la surface de laquelle flottent de magnifiques nénuphars, un joli bassin à poissons agrémenté de quelques plantes aquatiques, voire, pour les plus chanceux, une vaste pièce d'eau naturelle où barbotent sagement une myriade de canards et une poignée de poules d'eau. Rien d'aussi champêtre ici, malheureusement. Le cap est plutôt mis sur d'autres pièces d'eau : la salle de bains, les toilettes et la buanderie. Même si elle est utilisée par toute la famille, même si elle est parfois d'une taille assez modeste, la salle de bains doit avant tout être une véritable pièce bien-être. C'est la pièce où l'on se lave, bien entendu. Mais c'est aussi la pièce réservée aux soins d'hygiène et de beauté. C'est la pièce où l'on se détend tout en prenant soin de soi. Se détendre ? Prendre soin de soi ? Impossible à faire dans une pièce qui vit sous l'emprise du désordre ! Ici comme ailleurs dans la maison, et peut-être même plus encore que dans certaines autres pièces, ordre et rangement contribuent pour une part très importante à ce délicieux sentiment de confort et de quiétude, à cet impératif – ô combien légitime – besoin de bien-être aussi. Autre ambiance dans la buanderie, l'autre pièce d'eau de la maison. Dans cet espace qui sert aussi parfois de débarras, de salle de repassage..., c'est souvent le côté purement utilitaire qui est mis en avant. À juste titre, d'ailleurs. Pour beaucoup, la buanderie est une pièce intimement liée à certaines inévitables corvées ménagères : la lessive, le linge à mettre sécher, le raccommodage, le repassage... Bonne nouvelle : avec une buanderie en ordre, proprette et bien rangée, le mot « corvée » perd toute raison d'être. Ou, en tout cas, la notion de corvée a tendance à s'alléger, à s'alléger... Et le temps passé dans cette « satanée » buanderie passe plus vite. Beaucoup plus vie. Comme par enchantement.

Partie 5 : Espace nuit

Oui, d'accord : à moins d'être surnommé « Alexandre le Bienheureux » ou d'avoir le même biorythme qu'un ours qui s'apprête à passer plusieurs mois en hibernation, le temps passé dans la chambre est relativement restreint. En principe, du moins... Oui, et alors ? Est-ce vraiment une raison pour laisser le désordre s'y installer ? Est-ce vraiment une raison pour placer cette pièce avant tout destinée à la détente et au repos sous le signe du foutoir et du chaos ? Que nenni ! Car, justement, la chambre est un espace qui doit respirer le confort, la détente et le repos. Elle doit s'apparenter à une délicieuse petite bulle dans laquelle on s'immisce chaque soir avec plaisir. Une véritable bulle de tranquillité et de sérénité au sein d'une habitation qui respire parfois l'énergie... disons gentiment « débridée ». Qui vit parfois sous la tyrannie de la vaine agitation et sous l'infernale domination du bruit incessant. Bref, la chambre doit être un cocon. Elle doit être cocoon. Et répondre à la fois à des critères d'élégance, à des exigences de confort et à des impératifs pratiques. Voilà pour la chambre parentale. Il en est presque de même pour la chambre des enfants. La pièce désorganisée, désordonnée et – disons-le franchement – bordélique par excellence. Bien sûr, c'est « leur » pièce. Leur univers. Leur refuge. L'endroit où ils vont dormir. Mais aussi où ils peuvent étudier et faire leurs devoirs (un peu) ou jouer (beaucoup). C'est là où ils entraînent leurs copains. La pièce dans laquelle un adulte a parfois un peu de mal à pénétrer sans buter sur une pile de linge sale ou poser le pied sur un jouet qui dépasse du lit. Ce n'est qu'en leur inculquant le plus tôt possible des notions d'ordre, de propreté et de respect (d'eux-mêmes et des autres) qu'ils seront capables de tenir « leur » espace propre, bien organisé, bien ordonné. Comme l'on dit dans ces cas-là, il y a du pain sur la planche ! Y compris dans la chambre de bébé qui, lui aussi, mérite un environnement placé sous le signe du rangement, de la quiétude et de l'harmonie.

Partie 6 : De la cave au grenier

Ou plutôt : de la cave au grenier, en passant par l'atelier de bricolage et le garage. Autant de pièces – généralement soigneusement cachées aux yeux des visiteurs – qui se transforment en véritables fourre-tout. Considérées comme bonnes à tout faire, ces malheureuses reçoivent pêle-mêle tout ce qui ne trouve pas place dans les autres pièces de la maison : des archives, une superbe collection de pots de confitures vides qui serviront – un jour, peut-être – quand les confitures faites maison seront à nouveau à l'ordre du jour, quelques outils de bricolage, des vieux pots de peinture à moitié vides (ou à moitié pleins, selon la manière dont on voit les choses), des caisses de vieux jouets ou de vieux vêtements que l'on a conservés « au cas où » (mais « au cas où quoi », grand Dieu ?), quelques bouteilles de vin, des meubles fatigués qui n'ont plus le droit de paraître dans les pièces de vie mais que l'on se refuse à jeter car « on ne sait jamais », une magnifique série de pinceaux et de rouleaux à peinture « comme neufs », un amas de couvertures élimées, quelques bâches qui traînent dans un coin… et tant d'autres choses encore. Notamment cette curieuse pile de cartons dont plus personne ne sait ce qu'ils peuvent bien contenir. Dans ces pièces qui – sombres et parfois humides – ne sont pas toujours les plus saines de la maison, le désordre a, plus qu'ailleurs encore, toutes les chances de régner sans partage. En maître absolu. Mais ce n'est pas une fatalité, loin de là. Car même si elles paraissent moins importantes que les pièces de vie, moins essentielles que les chambres, la cuisine ou la salle de bains, ces pièces font bel et bien partie intégrante de l'habitation. Dès lors, une question pertinente peut être posée : à quoi sert de passer son temps à bien ranger toute la maison si c'est pour laisser le capharnaüm s'installer dans certaines pièces ? Enfin, avant de clôturer définitivement le rangement, un petit tour au jardin s'impose…

Partie 7 : La partie des Dix

Aucun ouvrage de la collection « Pour les Nuls » ne saurait être vraiment complet sans cette ultime partie : la célébrissime partie des Dix. Un joyeux pot-pourri d'astuces, de conseils et de tours de main. Les derniers « trucs », les dernières ficelles pour tout, tout, tout bien organiser et ranger. Une dernière partie à lire absolument pour devenir un maître ès-rangement de la maison !

Les icônes utilisées dans ce livre

Pour guider chaque lectrice et chaque lecteur tout au long de ce livre… et tout au long du rangement de la maison, pour lui permettre aussi de repérer immédiatement les informations les plus importantes et les bons plans qui facilitent la vie, un système d'icônes – emblématiques de la collection « Pour les Nuls » – a été mis en place. Pour une plus grande compréhension, seules trois icônes ont été retenues dans cet ouvrage.

Cette icône met en garde et alerte sur certains points qui peuvent se révéler au minimum délicats, sinon dangereux.

Cette icône permet de repérer à coup sûr une information pertinente, utile, voire indispensable.

Voilà l'icône « bon plan » par excellence. Celle qui donne l'astuce qu'il faut, le petit « truc » en plus.

Et maintenant, par où commencer ?

Véritable guide pratique du rangement, ce livre peut être abordé de deux manières différentes :

» Si vous avez besoin de vous focaliser sur une pièce bien précise – le salon, la cuisine, la chambre ou toute autre pièce de la maison –, il suffit de consulter le sommaire ou l'index pour retrouver rapidement et à coup sûr toutes les informations, toutes les astuces et tous les conseils concernant cet espace en particulier. Ensuite, en un minimum de temps et d'efforts, vous vous apercevrez que la pièce dans laquelle vous avez travaillé ne ressemble plus à celle dans laquelle vous vous êtes enfoncé, sac-poubelle à la main et bonnes résolutions en tête ;

» Si, en revanche, vous faites preuve de plus d'ambition (et de courage), si vous envisagez un rangement de plus grande envergure, si vous désirez ordonner votre maison de fond en comble, pièce après pièce, un seul conseil pour commencer : lisez attentivement la totalité de ce livre. De la première à la dernière page. En le refermant, vous serez surpris de la somme de (nouvelles) connaissances que vous avez accumulées. De la somme d'astuces que vous pouvez mettre à profit. De la somme de conseils que vous pouvez, à votre tour, généreusement dispenser autour de vous.

1

Le rangement, c'est (aussi) dans la tête !

DANS CETTE PARTIE . . .

Peu importe le type d'habitation. Ou le style architectural. La situation géographique et la superficie habitable n'ont pas plus d'importance. Dans tous les cas, l'habitation est et reste un élément essentiel, un élément vital, de l'existence. Dans tous les cas, elle représente un formidable point d'ancrage. Un refuge. Sécurisant. Un endroit où il est possible de se poser... et de se reposer. Un endroit, aussi, où l'on se retrouve avec son conjoint et ses enfants. Où l'on peut se détendre. Où l'on peut partager avec ceux que l'on aime une foule de choses – depuis les grands événements familiaux jusqu'à toutes ces merveilleuses petites choses du quotidien qui, ensemble, embellissent la vie.

Comment se fait-il alors qu'on laisse parfois tant de désordre s'accumuler dans un endroit aussi important ? Ce désagréable désordre, ce chaos généralisé, n'a-t-il pas une puissante influence négative sur le moral, sur l'humeur, sur le niveau de stress et, en un mot, sur le bien-être de celles et ceux qui y sont confrontés au quotidien ? Les deux sont-ils inextricablement liés ? Forte et étroite, voilà donc la relation maison-corps-esprit à laquelle on ne songe pas assez souvent. Mettre de l'ordre dans la maison permet-il de mettre de l'ordre dans sa tête et dans sa vie ?

Chapitre 1

La maison, comme une image de soi

DANS CE CHAPITRE :

- **La maison en tête des priorités**
- **La maison ne se pense pas une fois pour toutes**
- **La « bonne maison » de la famille d'aujourd'hui**
- **S'approprier son chez-soi**

La maison. Que ce soit en France ou ailleurs dans le monde, la maison – prise au sens de l'habitation – représente la plupart du temps une sorte de but ultime. Depuis la case la plus humble et la plus désolée jusqu'à la somptueuse villa hyper connectée, l'habitation est et reste une fierté. Il n'est même pas question de superficie habitable. Ou de grand domaine terrien. Pas plus que de style architectural. Ni même de luxe. De l'igloo polaire à la case écrasée sous le soleil tropical en passant par l'immense gratte-ciel de béton et de verre, la petite maison ouvrière nichée au fond d'un coron poussiéreux, le pavillon de banlieue dans toute sa banalité ou la superbe villa nichée sur la riviera, la maison est avant tout un refuge. Un précieux refuge.

Un refuge qui présente une particularité : il reflète toujours la personnalité de ses habitants. Ainsi, une maison pimpante ressemble à ses occupants « propres sur eux ». Et une maison transformée jour après jour en un horripilant foutoir trahit l'état d'esprit pour le moins chaotique de celles et ceux qui y habitent. Les deux sont étroitement liés. Impossible d'avoir les idées claires et une sérénité d'esprit dans une maison qui n'est que fouillis. Impossible d'avoir une maison bien rangée quand tout se bouscule en tous sens dans la tête.

La maison en tête des priorités

Il suffit de se rendre compte du drame des personnes ou des familles qui n'ont plus de toit au-dessus de leur tête (suite à une catastrophe naturelle, à un conflit, à un problème professionnel ou financier...) pour prendre la juste mesure de la valeur d'une habitation. Aux yeux des autres, certes, mais aussi – et surtout ! – pour soi. Aucun être humain, aucune famille ne peut tenir debout sans avoir un lieu pouvant servir de refuge. Sans avoir un endroit – aussi modeste ou luxueux soit-il – pour vivre ensemble.

Il s'agit là d'une vérité intemporelle et universelle. Elle s'est vérifiée tout au long de l'histoire. Depuis les grottes de nos lointains ancêtres qui vivaient de la chasse et de la cueillette jusqu'aux futuristes maisons connectées. Elle se vérifie également sous toutes les latitudes. Et elle se vérifie aussi en France...

Dans leur immense majorité, les Français placent désormais la maison au même rang des priorités que la santé ou la réussite des enfants. Ce qui est une nouveauté. Peu importe l'habitation. Qu'elle soit gigantesque ou qu'elle permette tout juste de s'entasser à plusieurs dans une petite poignée de mètres carrés. Qu'elle offre un panorama à couper le souffle ou que ses fenêtres offrent une vue imprenable sur le mur décrépi et l'antenne parabolique du voisin. Qu'elle se situe en cœur de ville, au milieu du bruit, de l'agitation effrénée et de la cohue ou – telle une célèbre petite maison nichée au cœur d'une prairie tout aussi célèbre – au milieu des campagnes apaisantes et verdoyantes. Il ne faut surtout pas se fier exclusivement aux prix parfois abusifs et surfaits de l'immobilier : pour nombre de personnes, un chez-soi n'a pas de prix !

La maison ne se pense pas une fois pour toutes

Un refuge, certes. Mais surtout un refuge qui ne cesse d'évoluer. Qui *doit* évoluer. Pour que chacun – parent ou enfant – puisse s'y sentir bien. Puisse y trouver sa place, se reconnaître dans ce magnifique lieu d'intimité et de sécurité. La maison ne se pense donc pas une fois pour toutes. Elle évolue en fonction des circonstances et vit au rythme des besoins de ses occupants.

C'est simple à comprendre : les besoins d'un jeune couple sans enfant ne sont bien entendu pas les mêmes que ceux d'une famille nombreuse. Et les besoins de cette dernière évoluent au fur et à mesure que les enfants prennent leur envol et quittent le nid : des pièces se vident, sont réaffectées. Une chambre d'enfant devient bureau, bibliothèque ou salle de couture. Bref, la maison est très logiquement en renouvellement constant en fonction de l'évolution des besoins de ses occupants, mais aussi de leurs goûts : on ne pense pas l'aménagement et la décoration d'une maison de la même manière à vingt-cinq ou trente ans qu'à cinquante ou soixante. Cet aspect évolutif de la maison est d'ailleurs l'un des facteurs de succès de certaines émissions de télé dédiées à « la maison » au sens large du terme, des magasins de bricolage, des boutiques de déco ainsi que des dizaines, des centaines de magazines et de sites web consacrés à ces deux thématiques (aménagement et déco) toujours plus porteuses.

On aurait cependant tort de croire que cette évolution est plus facile à réaliser et à mener à bien dans une grande maison, généreuse en espace, que dans une petite habitation. La taille du logement n'a strictement rien à voir. Pas plus que les moyens financiers qui y sont consacrés. Il y a de vastes demeures qui vivent sous l'emprise de la confusion des biens, des espaces et des personnes. Des demeures où tout se côtoie sans logique ni harmonie. Où tout se mélange, s'entrechoque. Créant au final un gigantesque chaos au cœur duquel il est impossible de trouver sa place. Où il est impossible de se sentir vraiment bien. À l'inverse, il existe des maisons « de poupée », réduites à une, deux ou trois pièces pour un même nombre d'habitants qui, grâce à leur bonne organisation et à l'ordre impeccable qui y règne, favorisent les relations structurantes et les échanges de qualité entre les occupants. On y circule et on y vit avec bonheur. Sans peur de rencontrer « l'autre ». Sans crainte d'être envahi dans son espace, dans sa « bulle ». Sans redouter d'être découvert par surprise. Certains spécialistes des relations familiales établissent même un lien direct, puissant et étroit entre l'organisation de l'espace, ses règles d'usage et la qualité relationnelle au sein de la famille.

La « bonne maison » de la famille d'aujourd'hui

Si elle se présente donc comme un refuge, la maison se positionne aussi – selon certains sociologues – comme une sorte de seconde peau. Un peu de la même manière que les vêtements. Chacun porte des vêtements correspondant à sa personnalité. Des vêtements propres, bien repassés, soignés et de qualité donnent immédiatement une (bonne) image de celui ou celle qui les porte. Des vêtements défraîchis, mal coupés, peu soignés sont aussi à l'image, peu flatteuse, de leur propriétaire. Il en est de même pour la maison. Pour les sociologues, c'est un abri où chacun, depuis sa place de parent ou d'enfant, peut s'exercer à la relation et au partage tout en apprenant à tenir compte des autres et à les respecter.

Quelle serait donc, pour la famille française du XXIe siècle, la « bonne maison » ? La réponse va probablement en surprendre plus d'un, mais tous les spécialistes sont unanimes et formels : la « bonne maison » de ce début de XXIe siècle est exactement la même maison que celle de nos parents ou de nos grands-parents ! Elle n'utilise peut-être plus tout à fait les mêmes matériaux. La déco est probablement différente. Elle est très certainement dotée de plus de matériel électronique et est même un chouia plus connectée… à défaut d'être vraiment « intelligente » comme on tente de nous le faire croire. Mais il ne s'agit là que de modifications très superficielles. Les fondements de la maison restent les mêmes. Immuables. Résistant aux modes passagères et impénétrables aux évolutions techniques. Il est heureux de constater que rien n'a changé au niveau des (vraies) valeurs. Adaptée aux modes de vie modernes, il s'agit cependant toujours d'une maison que ses occupants animent d'une vitalité intérieure forte. Une vitalité qui leur ressemble. Qui est à leur image. Qui aura immanquablement des répercussions négatives si leur état d'esprit et leur comportement (agressivité, désordre...) sont négatifs. Mais qui sera riche en possibilités, en ouvertures et en « bonnes ondes » si leur état d'esprit est résolument tourné vers l'optimisme et le positivisme. Dans les deux cas, le mobilier, la déco et l'ordre (ou le désordre) qui y règne parlent un langage familier à celles et ceux qui y vivent.

S'approprier son chez-soi

Immuable et intangible, un grand principe de base veut qu'un lieu ne puisse appartenir à ses habitants qu'à la condition que ceux-ci s'en occupent eux-mêmes. C'était déjà vrai hier. C'est encore vrai aujourd'hui. Et ce sera toujours vrai demain. Les maisons hyper connectées et les appareils prétendument « intelligents » n'y changeront strictement rien, quoique l'on veuille à tout prix nous faire croire. Pour que les habitants d'une maison puissent vraiment s'approprier leur bien, il est impératif qu'ils assurent eux-mêmes les différentes tâches ménagères. Des tâches souvent injustement considérées comme des corvées dévalorisantes alors que l'on peut légitimement se demander si vivre dans une maison mal entretenue et/ou en perpétuel désordre n'est pas beaucoup plus dévalorisant...

L'idée, reprise avec une belle unanimité par la quasi-totalité des spécialistes du ménage, du rangement et de l'entretien de la maison, est que les occupants d'une maison gardent eux-mêmes l'endroit propre et bien rangé. Jour après jour. Il est en effet avéré que, même si cela peut *a priori* représenter une facilité sur le plan pratique, voire une avancée sociale, le fait de déléguer les tâches ménagères à une personne extérieure (une femme de ménage, par exemple) rend l'univers familier de plus en plus flou. De plus en plus lointain. De plus en plus « étranger ». Cela finit par donner l'impression de ne plus s'occuper de son chez-soi. De ne plus le maîtriser ou le connaître.

Faire entrer une personne extérieure dans la « bulle » protectrice et sécurisante que représente sa maison amène aussi, par la force des choses, à une perte plus ou moins prononcée de son indispensable intimité. Mais aussi à une perte de toute une série de gestes quotidiens et essentiels qui enracinent quiconque dans son lieu de vie. Certains spécialistes de la question n'hésitent pas à aller beaucoup plus loin : ils affirment avec force que le fait de déléguer peu ou prou les principales tâches ménagères à une personne extérieure entraîne inéluctablement une dépendance vis-à-vis de ce tiers.

En revanche, au travers de toute une série de gestes simples, familiers, quotidiens et essentiels, gestes qui se rapportent à l'entretien de la maison, à la cuisine « faite maison », au rangement..., l'idée est de prendre ou de reprendre le contrôle et la véritable possession de son chez-soi. De s'approprier ou de se réapproprier son espace de vie. Et plus encore : il s'agit de faire corps avec sa maison. Même si cela va à contre-courant d'une tendance actuelle qui, à tort, dévalorise les tâches ménagères. Une tendance qui essaie de s'imposer comme « la » pensée unique et qui passe hypocritement sous silence le fait que l'identité construite en dénigrant et en déléguant les tâches ménagères n'est que fragmentaire, factice et totalement superficielle. Elle n'est qu'une fragile façade. Une manière de paraître. Elle n'appartient qu'au seul domaine social et certainement pas aux spécificités profondes, personnelles, intimes de chacun.

Chapitre 2

Un plaisir au quotidien

DANS CE CHAPITRE :

- **Rangement : quèsaco ?**
- **À la recherche du temps perdu**
- **Un travail mental aussi bien que physique**

On vient de le voir : l'habitation, sorte d'ultime refuge, est et reste un élément essentiel du quotidien. De l'existence. De la vie. Pour le meilleur ou pour le pire, elle reflète toujours ce que sont ses occupants. Mais aussi ce qu'ils désirent être. Ou ce qu'ils veulent paraître...

Celui qui cherche à donner une belle image de soi aura toujours à cœur de conserver un intérieur à la hauteur de cette image. Net. Propre. Harmonieux, et donc bien rangé. Au contraire, celui qui laisse sa maison être envahie par le fatras et le désordre renvoie une image identique de lui-même : une personne brouillonne et qui se laisse aller. Il affiche aussi de cette manière son manque de respect vis-à-vis de son précieux bien (la maison), des autres (les autres membres de la famille, les visiteurs...) et de lui-même. C'est donc ici que commence réellement la notion de rangement !

Rangement : quèsaco ?

« Mais où ai-je donc rangé mes clés ? »

« J'ai encore égaré mon Smartphone »

« Que fait le panier à linge au milieu du salon ? »

« Mon téléphone est presque à plat. Tu ne sais pas où est le chargeur ? »

« Je trouve plus mes chemises propres. Tu ne les as pas vues ? »

« J'ai encore trébuché sur tes chaussures qui traînent dans l'entrée. Tu ne pourrais pas les ranger pour éviter qu'on se casse la figure dessus ? »

« Non mais ! Tu as vu le foutoir qu'il y a dans cette cuisine ? Impossible d'y retrouver un bol ou de préparer quoi que ce soit ! »

« Tu as vu dans quel état est ta chambre ? Va tout de suite la ranger ! »

« Où est passé le contrat d'assurance ? Tu le sais, toi ? »

On est bien d'accord : le mot « rangement » n'est probablement pas le plus sexy de la langue française.

Nous sommes toujours d'accord : rares sont les personnes qui avouent aimer – *vraiment* aimer ! – faire du rangement. Qui prennent leur pied à trier, jeter, classer, ranger... Elles l'avouent d'ailleurs d'autant moins que le sens du rangement – l'art du rangement ! – n'est vraiment pas *trendy*. Mais peut-être que vivre au milieu d'un incroyable foutoir ne l'est pas vraiment non plus.

Et nous sommes encore d'accord : il y a probablement mille et une choses *a priori* plus intéressantes et amusantes à faire que de mettre un peu d'ordre dans la maison. Manger un bout avec des amis, se faire une toile, bouquiner, boire un verre avec des copains... voire tout simplement flemmarder. En tout cas, c'est sûr qu'il y a peut-être mille et une choses qui *paraissent* plus intéressantes à faire. Nuance, nuance...

Quelques chiffres édifiants...

Résumons : le rangement ne vient certainement pas en tête des priorités de nos contemporains. C'est loin d'être la préoccupation numéro un des Françaises et des Français.

À ce sujet, les plus récentes données disponibles sont pour le moins édifiantes. Selon un sondage réalisé au mois de février 2016 par le site `manomano.fr` *via* le réseau social Facebook auprès de 6 218 personnes, seulement 2 % des sondés estiment qu'ils sont au top en matière de rangement. Deux pourcents ? Dérisoire ! En revanche, pas moins de 76 % d'entre eux avouent qu'ils peuvent faire (nettement) mieux et que la perfection en la matière est un objectif encore lointain. Ajoutons une bien amère cerise sur le gâteau : 22 % des personnes interrogées (soit – horreur ! – plus d'une personne sur cinq !) reconnaissent qu'elles sont nullissimes dans ce domaine. Qu'elles n'ont aucun sens du rangement et de l'organisation. Que la notion même de rangement leur est totalement étrangère.

On ne va pas tourner autour du pot. On ne va pas non plus se leurrer ou se voiler la face plus longtemps : les Françaises et les Français sont loin d'être des as ou des pros du rangement. Les chiffres avancés par le site `manomano.fr` le confirment on ne peut mieux : les plus réfractaires à la notion d'ordre (soit 4 % des sondés, exactement le double de ceux qui se considèrent au top en la matière) ne s'y adonnent qu'une seule fois par an. Personne n'ose imaginer ce qu'ils endurent lorsqu'ils doivent trouver leurs clés ou un quelconque document administratif. Pire : le score est identique (soit 4 %) pour celles et ceux qui avouent n'avoir jamais mis d'ordre de leur vie ! Oups !

Inutile de se laisser abattre et passons à des résultats plus encourageants, plus motivants et, en tout cas, beaucoup plus positifs : 19 % des personnes interrogées s'adonnent aux joies du rangement (si, si !) une fois par mois et 58 % s'y lancent tête baissée toutes les semaines. Ce qui n'est déjà pas si mal. Mais il y a encore mieux : 15 % s'y attellent chaque jour. Et une médaille pour eux, une !

Le désordre n'est pas « créatif » !

Certains chiffres avancés par ce récent sondage sont d'autant plus étonnants que, selon la même étude, un Français sur deux estime que le désordre n'est pas une bonne chose. Et qu'une personne « brouillon », une personne « fouillis », a vraiment tout intérêt à apprendre à s'organiser. En revanche, 19 % des personnes interrogées pensent qu'un environnement désordonné peut être... source de créativité et d'ouverture. Ouais, ouais, ouais. Comprenne qui pourra !

Créativité, vraiment ? Lorsque l'on passe sa vie à chercher ses clés ou son Smartphone, quand on perd un temps fou à courir en tous sens pour tenter (vainement ?) de dénicher le DVD que l'on tient absolument à visionner, lorsque l'on galope chaque matin à la recherche de la chaussette ou de la godasse perdue, on a peut-être un peu de mal à voir où se niche la créativité. Au contraire, tout cela finit par devenir franchement casse-pieds. Caricatural, tout ça ? Eh bien non, pas du tout. Ou alors juste un peu. Un tout petit peu. Un chouia...

Certes, il y a un monde entre l'ordre maniaque et l'insalubrité la plus totale mais, entre les deux, les divers niveaux de désordre peuvent vraiment compliquer, empoisonner la vie quotidienne. En plus de perdre régulièrement ses clés ou ses documents administratifs, son bouquin préféré, la télécommande de la télé ou la chaussure droite qui irait pourtant si bien avec la gauche brandie à bout de bras, il y a de quoi y perdre son latin. Perdre du temps. Perdre son calme. Perdre la tête.

Ne jamais remettre à demain...

Le sondage mené par `manomano.fr` est particulièrement intéressant : il démontre – si besoin était encore – que peu de gens, trop peu de gens, ont la passion du rangement. Ce qui explique que beaucoup d'entre eux repoussent sans cesse cette tâche – cette corvée, diront même certains – au lendemain. Ou au jour suivant. Ou encore au jour d'après. Bref : aux calendes grecques. Et pendant ce temps, à force de toujours remettre le rangement à plus tard, de plus en plus de choses s'entassent n'importe comment et n'importe où. S'éparpillent. S'égarent. Semblent disparaître comme par enchantement. Désordre et pagaille s'imposent alors chaque jour davantage. Comme l'énervement et le stress. Alors que, de toute manière, sauf peut-être pour une poignée de dangereux irréductibles, il arrive toujours un moment où il faut bien s'y mettre. Bon gré, mal gré. Il faut mettre de l'ordre. Ranger tout ce qui traîne dans tous les coins.

Décourageant ? Rebutant ? Allons donc ! Car on peut tout de suite commencer par une bonne, une excellente, une fabuleuse nouvelle... qui en étonnera probablement plus d'un(e) : la plupart des personnes qui sont déjà parvenues à faire du rangement dans leur maison, ne serait-ce qu'une seule fois, aimeraient que leur espace de vie reste impeccable. Propre, net et bien rangé. Mais presque autant de personnes pensent que c'est mission impossible. Petit à petit, elles constatent qu'elles retombent dans leurs travers. Qu'en rentrant à la maison, elles jettent les clés d'un côté et balancent leur portefeuille de l'autre. Qu'elles envoient valdinguer une chaussure à droite et l'autre à gauche. Qu'elles entassent pêle-mêle feuillets publicitaires, documents administratifs et vieux magazines écornés. Lentement et insidieusement, ou de manière plus rapide et brutale, le désordre remplace à nouveau l'ordre. Le chaos supplante une nouvelle fois l'harmonie. L'anarchie la plus totale s'installe encore dans une maison qui avait pourtant tout pour être bien rangée.

Le désordre ne peut être un choix

Soyons francs : pour la plupart d'entre nous, probablement même pour l'immense majorité d'entre nous, faire le ménage ou s'atteler au rangement de la maison n'est pas à proprement parler un automatisme. Cela n'a pas grand-chose d'inné. On a plutôt tendance à s'en occuper « quand on a le temps ». Faire du rangement est souvent perçu comme une détestable corvée. Et résulte d'un choix : on range maintenant ou on reporte à plus tard ? Problème : vivre dans une maison qui ressemble à un foutoir n'est pas un choix. Ne peut en aucun cas être un choix. De plus, cela n'a vraiment rien de glamour. La vaisselle qui traîne dans toute la cuisine, les chaussettes sales éparpillées dans toute la maison et qui laissent planer un fumet qui n'a franchement rien de poétique, tous les petits objets du quotidien (les clés, le Smartphone, les télécommandes, le portefeuille...) dispersés en tous sens et qui demeurent forcément introuvables... sont autant de sources d'énervement, de retards, de désagréments, de pertes de temps et de stress quotidien dont tout le monde se passerait volontiers.

Mission pas impossible

Le manque d'apprentissage, un déficit d'autodiscipline, une certaine paresse, un cruel manque de rigueur, le simple manque de respect pour soi, pour sa maison et pour les autres... sont autant d'éléments qui peuvent expliquer ce retour à un désordre abusivement considéré comme « normal ». Bien plus, en tout cas, qu'un « manque de temps » chronique qui est devenu le leitmotiv de ce début de XXIe siècle et qui n'est jamais rien d'autre qu'un flagrant manque d'organisation et de (bonnes) priorités.

Et pourtant ! Avec un minimum de volonté, d'organisation et d'astuce, tout le monde – absolument tout le monde, sans la moindre exception – peut arriver à ranger sa maison. Même si elle est gigantesque. Même si elle est minuscule. Et tout le monde devrait être capable de maintenir cet ordre qui fait autant de bien à l'œil qu'au moral. À condition, toutefois, de modifier quelques (mauvaises) habitudes et de réévaluer certains (mauvais) principes de vie : ne plus jeter ses clés n'importe où en rentrant, ne plus glisser négligemment le précieux contrat d'assurance ou la facture à payer de toute urgence entre les prospectus publicitaires à jeter et les vieux journaux qui serviront à allumer une belle flambée dans la cheminée, ne plus enfoncer le boîtier du DVD bien profondément entre les coussins du divan, ne plus encombrer le lit de piles de linge au point de ne même plus apercevoir un petit morceau de couette au moment d'aller dormir (non, la gymnastique pour arriver à se faire une petite place inconfortable dans le lit n'a rien à voir avec le Kamasutra !).

Une source de plaisir, si, si !

Par la force des choses, intimement lié au ménage dans le sens le plus noble du terme, le rangement se présente comme une manière – mieux : comme « la manière » ! – de mettre un peu d'ordre dans la maison. Ou beaucoup d'ordre en fonction des cas... Ranger sa maison, c'est avant tout assurer et s'assurer confort et bien-être. Mais c'est aussi privilégier une parfaite maîtrise de l'espace. De son espace. Ainsi qu'une bonne maîtrise du temps : un bon rangement permet en effet de ne plus passer des heures à chercher, parfois en vain, une multitude d'objets ou de documents éparpillés en tous sens et égarés dans les endroits les plus improbables.

Du bon rangement durable, de l'indispensable ordre dans la maison dépendent la paix de l'intérieur (la quiétude au sein de l'habitation) et la paix intérieure (celle de l'esprit et de l'âme). Tous les meilleurs psychologues en conviennent : le désordre dans la maison est le fidèle reflet du chaos qui règne dans la tête de ses occupants. Plus important est ce dernier, plus important est le fouillis qui dépare toute la maisonnée.

Le rangement permet de « discipliner » en douceur la maison et l'état d'esprit des habitants. Il est désormais largement prouvé qu'une maison bien rangée permet à chacune et à chacun d'ordonner ses pensées et ses idées. Il permet en outre de ressentir un réel sentiment de sécurité, une plus grande confiance en soi grâce à la maîtrise de l'espace et la mainmise sur les objets, ainsi qu'un réel bien-être général. Enfin – et là n'est pas son moindre mérite –, il permet d'éprouver une double et intense satisfaction que d'aucuns disent jubilatoire : le plaisir de la maison rangée, ordonnée et organisée, avec toutes les choses disposées à leur juste place, d'une part ; le calme intérieur et une sorte d'indispensable « zénitude » procurés par l'absence de fouillis, d'autre part.

Il se peut que certains pensent que l'ordre qui doit normalement régner dans la maison a quelque chose de froid. De contraignant. De rigide. Voire d'autoritaire. Il n'en est rien et, en fait, c'est même tout le contraire. L'ordre dans la maison, qui est la conséquence directe d'un rangement efficace et durable, apporte non seulement un véritable bien-être mais aussi une vraie liberté. En revanche, on est toujours l'esclave du désordre que l'on crée. Quelle liberté peut-il en effet y avoir lorsque l'on est contraint de retourner toute la maison, de la fouiller de fond en comble, de perdre un temps fou et de s'énerver chaque fois qu'il s'agit de mettre la main sur le trousseau de clés, le portefeuille, une télécommande ou une chemise propre ?

À la recherche du temps perdu

« Je n'ai vraiment pas le temps ! »

Combien de fois entend-on cette phrase sur une journée ? Et dans combien de bouches différentes ? Elle est répétée, ressassée à l'envi. Elle est rabâchée à longueur de journées, de semaines et de mois. À tel point que c'est devenu « le » leitmotiv de ce début de siècle. Et même le leitmotiv à la mode. Pire encore : alors qu'il est de bon ton, très tendance et politiquement correct de clamer son manque de temps à qui veut l'entendre (et même à ceux qui ne veulent pas l'entendre et que cela n'intéresse pas), il est de plus en plus mal vu de ne pas le dire. De ne pas s'en plaindre. Alors, dans les yeux des autres, on ne lit pas l'admiration pour la personne bien organisée et performante, qui abat son lot de tâches quotidiennes de manière efficace et en un temps « normal ». On y lit plutôt la méfiance. La suspicion. Et aussi une extrême jalousie.

HYPER CONNECTIVITÉ ET MANQUE DE TEMPS

Il est amusant – à tout le moins très significatif – de constater que plus les équipements électroniques en tous genres (les ordinateurs, les tablettes, les Smartphones...) envahissent tous les pans de la vie professionnelle et privée, plus l'hyper connectivité « indispensable » (ou prétendue telle, en tout cas) est censée faciliter la vie de ses utilisateurs, plus ceux-ci se plaignent d'être perpétuellement stressés et de manquer cruellement de temps pour eux et pour ceux qu'ils aiment. À méditer...

Pas le temps, vraiment ?

Mouais... Pas sûr ! Réel ou supposé, le manque de temps est avant tout devenu une manière de se valoriser aux yeux des autres et à ses propres yeux, de « faire l'occupé », mais aussi une manière bien pratique d'échapper à la plupart des tâches considérées à tort ou à raison comme des corvées.

Mais est-ce vraiment une question de temps ? Ou de manque de temps ? Ou s'agit-il plutôt de priorités ? De bonnes ou de mauvaises priorités ? Telle personne déclare ne pas avoir le temps de mitonner avec amour de bons petits plats « maison » pour sa famille, privilégiant les préparations « prêtes à mâcher » du commerce, les sauces en bocaux et la malbouffe industrielle, mais trouve en revanche tout le temps nécessaire pour surfer sur le Net ou pour jouer pendant des heures sur son ordinateur. Telle autre personne affirme ne pas avoir le temps de faire le ménage ou du rangement, et laisse donc le désordre envahir sa maison, mais trouve cependant le temps de passer des soirées entières devant le petit écran à regarder d'un œil distrait des séries américaines qui se ressemblent toutes et des émissions de téléréalité qui n'ont, en fin de compte, de réalité que le nom. Il serait facile de multiplier les exemples du genre. Il n'en faut cependant pas plus pour se rendre compte qu'il s'agit moins d'une question de temps (ou de manque de temps) que d'une question de justes priorités qui, bien souvent, sont à revoir de fond en comble.

Quel stress !

À la longue, ce manque de repères et de « priorités prioritaires », si l'on ose ainsi dire, est susceptible d'avoir des effets pervers, voire dévastateurs. Des effets négatifs qui ne touchent pas seulement la personne concernée, mais également son entourage. On parle alors de déprime. De stress. Le fait de ne jamais s'atteler à ce que l'on sait devoir de toute manière faire induit une certaine culpabilité et un stress. Le stress de la fuite en avant qui mène inéluctablement à l'échec.

À l'inverse, se débarrasser d'une tâche (ou même d'une corvée) reste le meilleur moyen de l'oublier. Mieux : l'agréable sensation d'avoir réussi à surmonter une difficulté, aussi minime soit-elle, est excellente pour le moral et l'image de soi. Et ce n'est pas tout ! Le fait de remettre à plus tard ce qui devrait être réalisé en priorité peut faire perdre pied au quotidien. Enfoncer chaque membre de la famille et toute la maisonnée dans une sorte de détresse et, à coup sûr, dans le chaos et les problèmes de plus en plus insurmontables. Il n'en faut guère plus pour rendre la vie infernale. Impossible. À ses proches. Et à soi-même. Un exemple concret ? Il est facile et rapide de ranger deux ou trois choses qui traînent ; il est en revanche beaucoup plus difficile, long et fatigant de devoir remettre de l'ordre dans toute la maison.

Un travail mental aussi bien que physique

Tout est toujours une question de point de vue. De manière de voir, de percevoir, d'appréhender les choses. Pour reprendre une expression populaire très connue : faut-il voir le verre à moitié vide ou vaut-il mieux le voir à moitié plein ?

Si faire du rangement est considéré comme une corvée, comme une tâche dévalorisante, cela deviendra inévitablement une insurmontable corvée. En revanche, si – d'une manière beaucoup plus réaliste et constructive – le même rangement est considéré comme un excellent « outil », comme un très efficace moyen d'améliorer le cadre et la qualité de vie, il se transformera *illico*, comme par magie, en un travail-plaisir. Agréable et valorisant. Il deviendra aussi un besoin. Intense et profond. Une fois que l'utilité de faire régulièrement ou systématiquement du rangement, une fois que la nécessité de conserver une maison propre et en ordre sont reconnues, il devient tout à coup beaucoup plus simple, plus agréable, plus motivant de s'y mettre. Et de mettre une bonne fois pour toutes un terme au vain débat portant sur l'utilité ou non du rangement.

Chapitre 3

C'est maintenant ou jamais !

DANS CE CHAPITRE :

» **Ranger, ça s'apprend !**

» **Quatre (mauvaises) raisons pour ne pas ranger**

» **Cinq (bonnes) raisons pour faire du rangement**

» **Un peu de méthode, s'il vous plaît !**

Personne ne naît avec cette formidable capacité à vivre dans un environnement toujours maîtrisé et perpétuellement harmonieux. Ranger sa maison n'a donc rien d'inné. Cela doit s'apprendre. Pas à pas. Souvent en autodidacte. Il y a bel et bien un apprentissage à faire. De bons gestes et de bonnes habitudes à acquérir et à conserver coûte que coûte. Ranger ne s'apprend pas à l'école. On peut le déplorer, mais il n'y a pas de cours de rangement comme il existe des cours de maths ou de géo. Dommage, car des cours de rangement seraient au moins aussi utiles que les cours classiques dans la vie quotidienne des élèves, futurs adultes...

Ranger, ça s'apprend !

À l'exception de quelques stages et formations dispensés par les « gourous » de la discipline, on ne peut généralement compter que sur ses proches et quelques lectures pertinentes pour apprendre le b.a.-ba du rangement. Les proches ? À commencer par les parents, bien entendu. Parents qui, là aussi, se doivent de montrer l'exemple. En principe, du moins... Mais quel (bon) exemple peuvent-ils donner à leur progéniture alors qu'ils ne cessent de répéter ou de (se) faire croire qu'ils n'ont « pas le temps », occupés qu'ils sont à s'agiter vainement en tous sens, à regarder la télé ou à surfer sur le Net ?

On établit souvent un intéressant parallèle entre l'art du rangement et celui de la cuisine. Dans les deux cas, il existe d'excellents livres : les uns permettent de réaliser de fabuleuses recettes gourmandes ; les autres – et vous en tenez un entre les mains ! – permettent de comprendre l'importance du rangement et d'en maîtriser toutes les astuces. Dans les deux cas cependant, les premières bases devraient idéalement se transmettre de génération en génération. Des parents vers les enfants. Parents qui, responsables et attentifs à offrir la meilleure éducation possible à leurs descendants, inculquent les notions élémentaires du rangement à leurs enfants comme ils leur montrent et leur apprennent quelques tours de main basiques essentiels en cuisine et quelques premières recettes simples et savoureuses. Petit bémol : de la théorie à la pratique, de l'idéal à la dure réalité, il y a un monde. Dans le domaine du rangement non plus, les enfants ne peuvent malheureusement pas toujours compter sur leurs parents ou leurs aînés... Restent donc quelques bonnes lectures, une certaine autodiscipline et la volonté de toujours aller vers un mieux-être...

« Va ranger ta chambre ! »

Souvenir, souvenir...

« Va ranger ta chambre ! » Aïe, aïe, aïe. Ce n'est plus le moment de rigoler. Implacable, l'ultimatum claque. Résonne à travers toute la maison. Ce n'est même pas la peine de discuter ou d'essayer de tergiverser. Il n'y a plus qu'à s'exécuter. Bon, d'accord, il y a bien un tas de vêtements sales qui s'amoncellent dans un coin. Et quelques jouets qui traînaillent de tous les côtés. Il y a aussi des livres et des BD éparpillés en tous sens : sur le petit bureau, sur le lit (qui n'a plus été fait depuis des lustres) et même par terre. Sans oublier ces baskets qui ont décidé de se faire la malle à défaut de faire la paire et qui se sont égarées dans des coins opposés de la pièce. Quant aux cahiers et livres de classe, il est quasiment impossible de remettre la main dessus, enfouis qu'ils sont sous une tonne de fatras qui

« décore » la chambre. Seul, l'ordi traîne en bonne place sur un coin (encombré) du bureau. Il y a des priorités, quand même…

« Va ranger ta chambre ! » Il n'y a probablement pas meilleure méthode pour inculquer – gentiment mais avec une nécessaire fermeté – les notions du rangement à des enfants qui y sont parfois réfractaires. Pour les responsabiliser. Pour leur apprendre la valeur des choses qu'ils possèdent. Pour leur apprendre aussi un indispensable respect : celui des autres. Et celui d'eux-mêmes. Pour leur inculquer progressivement une discipline de vie qui leur sera de toute manière indispensable tout au long de leur vie.

Problème : trop souvent démissionnaires par rapport à leurs plus élémentaires devoirs et responsabilités, les parents seraient, selon une étude, moins de… 0,5 % à agir sainement de la sorte. À mener à bien leur mission d'éducation. Surprenant, ce chiffre ? Assurément ! Affolant et désolant ? Incontestablement !

Autre problème : comment les enfants peuvent-ils avoir la moindre notion de respect et de responsabilité, comment peuvent-ils avoir la moindre notion de base du rangement lorsque leurs parents sont démissionnaires, qu'ils n'ont « pas le temps » ou qu'ils sont des désordonnés notoires ?

Jamais enseigné dans les écoles, rarement prôné à la maison, trop peu valorisé, le rangement demeure forcément un vaste mystère. L'une des grandes énigmes de la vie. À tort, il n'est pas considéré comme une priorité éducative alors que de celui-ci découlent harmonie, efficacité et bien-être. À défaut de formation spécifique, chacun devient un peu autodidacte. Apprend sur le tas. Fait ses propres expériences. Améliore sans cesse ses techniques de rangement. Avec un but, un seul : rendre l'habitation plus conviviale, plus agréable, plus cosy pour – enfin ! – s'y sentir bien (voir chapitre 1).

Quatre (mauvaises) raisons pour ne pas ranger

Le rangement... Faute d'avoir eu la chance de bénéficier d'un exemple, d'un bon exemple, faute d'expérience aussi, il n'est pas toujours facile de maîtriser celui que l'on peut incontestablement appeler « l'art du rangement ». D'en connaître toutes les astuces. D'utiliser les bons « trucs ». Surtout si l'on vise un rangement efficace et durable, et pas un simple travail superficiel. De même, il n'est pas toujours facile de se motiver. De se mettre au boulot, surtout si l'ampleur du rangement à faire s'avère considérable. Surtout s'il est jugé insurmontable.

En revanche, il est toujours facile de trouver, voire de s'inventer, des excuses – des mauvaises excuses – pour laisser les choses en l'état. Pour laisser le désordre omniprésent et le chaos perpétuel continuer à régner en maîtres absolus dans la maison. Pour ne pas améliorer son espace et sa qualité de vie. En un mot : pour ne surtout rien faire ! Jamais en panne d'imagination, les adeptes du *statu quo* – fut-il néfaste ou toxique – ne manquent donc pas d'excuses pour ne « pas lever le petit doigt », comme l'on dit familièrement.

En tête de liste, on retrouve bien entendu le « manque de temps » qui semble être devenu l'excuse (ou la mauvaise excuse) universelle (voir chapitre 2). Mais plusieurs autres raisons, objectives ou non, peuvent aussi venir entraver un processus de désencombrement parfois indispensable.

« Mais je vais tout de même pas jeter tout ça ?! »

Les armoires, les placards, les tiroirs commencent à déborder. La moindre surface disponible est envahie d'objets et de bibelots. Face à ce constat, la première question à se poser est la suivante : ces objets en tous genres – depuis le petit électroménager soigneusement rangé depuis des lustres dans sa boîte d'origine jusqu'aux bibelots les plus insignifiants en passant par ces mille et une petites choses remisées au fin fond des armoires et dont plus personne ne se souvient et ne se soucie – ont-ils vraiment une quelconque utilité ? Le moindre intérêt ? Ou leur fonction première est-elle avant tout d'envahir le moindre espace disponible ? Autre question : un fameux tri ne serait-il pas judicieux, voire salutaire ? Histoire d'aérer un peu l'espace de vie ?

À ce stade, un autre problème se pose : on a parfois mauvaise conscience à jeter purement et simplement un appareil électroménager jamais utilisé mais pourtant en bon état. Ou un bibelot qui ne trouve plus sa place dans le cadre de vie mais qui pourrait fort bien être mis en valeur ailleurs.

Pour celles et ceux que la poubelle ou le conteneur hérissent, d'autres solutions efficaces existent, qui permettent de se débarrasser de l'inutile et du superflu sans jeter. On parle ici de faire plaisir à des amis, de faire des dons à des organismes caritatifs, d'organiser un vide-grenier ou même de vendre les objets ainsi triés en ligne ou *via* un magasin de seconde main, histoire de se faire un (modeste) pactole. L'essentiel reste de se débarrasser une bonne fois pour toutes d'un superflu envahissant. Qui « bouffe » l'espace. Pour éventuellement le jeter. Ou pour permettre à d'autres personnes qui en ont (vraiment) besoin ou envie d'en profiter à leur tour. Une bonne action n'est jamais perdue, dit le dicton...

« Mais c'est un cadeau ! »

Lorsque quelqu'un fait un cadeau, c'est avant tout pour faire plaisir à celui ou celle qui le reçoit. Pas pour que ce cadeau devienne un véritable fardeau. Mais bon... Il n'est pas possible de faire mouche à tous les coups. Que faire alors de cet horrible vase, de cette vilaine cravate ou de cette hideuse peinture qui ont certainement été offerts avec les plus belles intentions du monde, mais qui sont de véritables cauchemars ? Ou des insultes au bon goût ? Le fait qu'il s'agisse de cadeaux supplante-t-il leur inutilité ou leur criante laideur ? Méritent-ils d'encombrer l'espace de vie ? Est-il bon pour le moral de s'infliger le « supplice » (même si le mot est un peu fort) de tomber dessus et de les voir à tout bout de champ ? Ne serait-il pas préférable (et aussi plus honnête...) de s'en débarrasser d'une manière ou d'une autre ? De faire en sorte que ces vieux cadeaux qui n'ont de toute manière jamais été appréciés n'encombrent plus son lieu de vie ?

« Ça me rappelle tant de souvenirs... »

Tout le monde conserve certains objets qui ont une réelle valeur sentimentale. Ils rappellent tour à tour une personne, un événement, un voyage... Et il est difficile de s'en débarrasser tant leur charge affective est puissante. Mais il faut se rendre à l'évidence : il est impossible de tout conserver. Il est impossible de faire systématiquement déborder tous les tiroirs ou de repousser les murs de la maison. À un moment ou à un autre, un tri s'impose de lui-même.

La meilleure solution consiste alors à ne consacrer qu'une seule boîte ou un seul tiroir aux souvenirs. En tout cas, un seul emplacement. Afin de ne conserver que les plus importants. Ceux qui comptent vraiment. Par la suite, au fil des événements et de la vie, d'autres souvenirs viendront encore s'entasser. L'idée est de ne plus se laisser déborder, et donc de faire régulièrement un tri afin de ne conserver que les plus essentiels. Les plus marquants.

UN ALBUM « SOUVENIRS »

Pour celles et ceux qui sont vraiment attachés à *tous* leurs souvenirs mais qui finissent par manquer de place, il existe une autre solution assez sympa : prendre chaque souvenir dont on se débarrasse en photo afin de créer un album photo numérique « spécial souvenirs ». C'est une jolie manière de réaliser un tri, de se débarrasser de certains objets, tout en en conservant une trace.

« Je vais perdre de l'argent ! »

Parfois, les tentations sont vraiment trop fortes et on a tendance à faire exploser la carte de crédit. Un petit appareil électroménager « coup de cœur » mais qui n'a jamais été sorti de son emballage. Des vêtements « absolument ir-ré-sis-ti-bles » dans la boutique mais qui n'ont jamais été portés. Des chaussures dont la semelle n'a jamais touché le sol. Des jouets que les enfants réclamaient à cor et à cri et qu'ils n'ont finalement jamais daigné regarder. La liste est parfois longue de ces articles en tous genres qui ont fait l'objet d'un achat impulsif et que personne n'a jamais utilisés, portés ou regardés. Ils finissent par tomber dans l'oubli, encombrer les armoires ou prendre la poussière. S'en débarrasser ? Mouais... « Mais c'est tout neuf ! Ça n'a jamais été utilisé/porté ! Si je m'en débarrasse, je vais perdre de l'argent ! »

La première chose que l'on peut souligner, c'est qu'il est peut-être un peu tard pour s'en soucier et qu'il aurait été préférable de réfléchir avant l'achat. Ensuite, ce n'est pas parce que ces objets continuent à encombrer la maison sans être utilisés que l'on finit par rentrer dans sa mise de fonds. La vérité est que ce n'est pas au moment de s'en débarrasser d'une manière ou d'une autre que l'on risque de perdre de l'argent, c'est plutôt au moment de faire un mauvais achat. En revanche, les jeter, en faire cadeau à des amis ou don à un organisme de bienfaisance allégera non seulement les armoires et la maison, mais aussi la tête et l'esprit.

Cinq (bonnes) raisons pour faire du rangement

S'il existe bel et bien une multitude de mauvaises excuses pour ne pas ranger sa maison, il y a aussi, à l'opposé, bien des raisons d'effectuer du rangement. Mieux : plein de bonnes raisons. Des raisons qui sont autant de motivations. Qui aident à se lancer dans une entreprise qui paraît parfois compliquée, longue, fastidieuse ou insurmontable.

« Je ressens moins de stress, je m'énerve moins et je me dispute moins avec mes proches »

Le manque d'organisation et le manque d'ordre dans la maison induisent immanquablement un stress profond. Cela crée de l'irritation. De l'énervement. Qui, la plupart du temps, dégénèrent en dispute (injustifiée) avec les autres membres de la famille. À l'inverse, une maison correctement rangée permet de retrouver immédiatement ses affaires. Cela permet aussi de supprimer le stress inhérent au désordre (voir chapitre 2). Cela permet à chacune et à chacun de connaître les règles essentielles et indispensables à respecter pour que la vie en communauté soit harmonieuse. Cela responsabilise aussi les uns et les autres. Dans cet ordre d'idées, le moindre changement, aussi important ou infime soit-il, ne peut qu'avoir des effets positifs et bénéfiques. Il amène à une sorte de sérénité retrouvée, celle-ci découlant du fait que tout est maîtrisé, que tout est sous contrôle, dans le bon sens du terme. On peut résumer en affirmant sans risque d'être contredit que la tranquillité d'esprit est et reste l'une des plus puissantes motivations.

« J'ai retrouvé de l'énergie pour l'essentiel »

Ceux qui, par le désordre qu'ils créent et entretiennent, doivent retourner leur maison chaque fois qu'ils cherchent quelque chose ne se rendent malheureusement pas compte de l'énergie qu'ils gaspillent. Les allées et venues à droite ou à gauche. Les galopades en tous sens. Aussi bien physique que mentale, cette dépense d'énergie finit par épuiser le plus résistant ou le plus stressé. Et cela sans avoir accompli la moindre chose essentielle ! À l'opposé, être organisé, profiter d'une maison bien rangée, permet de concentrer l'énergie mentale et physique sur les choses vraiment importantes.

« Je gagne un temps fou »

L'expérience mérite d'être menée : au total, combien de temps peut-on passer chaque jour à chercher l'objet qui s'est mystérieusement volatilisé ? Qui s'est caché quelque part. Qui s'est évaporé comme par mystère. Qui a disparu comme par enchantement. Une demi-heure ? Une heure ? Ce temps ne pourrait-il pas être mieux utilisé ? De manière plus agréable, constructive et productive ?

Être organisé, avoir une maison bien rangée, permet de libérer du temps. Beaucoup de temps. C'est une excellente manière de pouvoir passer plus de temps, justement, avec ses proches et ceux qu'on aime. D'avoir aussi plus de temps à consacrer à tel ou tel hobby, à telle ou telle passion. N'est-ce pas bien plus agréable que de courir tout le temps après tout ce qui a disparu faute de rangement et d'un minimum d'ordre ?

« Je parviens enfin à réaliser mes objectifs »

Être désorganisé et vivre dans une maison qui ressemble à un foutoir laisse toujours l'impression très désagréable et frustrante de ne jamais arriver à atteindre ses objectifs. À la longue, cela peut devenir extrêmement démoralisant.

Quelques petites astuces d'organisation suffisent pourtant à se simplifier la vie et permettent de se concentrer sur les choses agréables et importantes.

« C'est une formidable valeur, une inestimable compétence à transmettre »

La notion de rangement, l'art du rangement, peut être apprise à tout âge. C'est une formidable valeur à transmettre aux plus jeunes enfants. Organisation et rangement ne sont pas enseignés à l'école ; ce sont donc aux parents d'assumer cette tâche. Et de montrer l'exemple. Dans tous les cas, si les parents sont organisés, ordonnés et bien dans leur maison autant que dans leur peau, les enfants le seront aussi.

Un peu de méthode, s'il vous plaît !

Inutile de se jeter tête baissée dans le rangement d'une pièce ou, *a fortiori*, de toute la maison. Pour que ce rangement soit efficace, pour pouvoir en apprécier le résultat à court, moyen et long termes, une première phase de planification et de réflexion s'impose. Avant de passer à une méthodologie efficace. Il en est du rangement comme de toute chose : l'agitation fébrile et la précipitation sont toujours contre-productives.

La planification

1re étape : déterminer la zone à ranger

La toute première chose à faire est de déterminer la zone à ranger et réorganiser. S'agit-il d'une pièce bien précise (le salon, la chambre des enfants, la cuisine, le bureau…) ou de l'ensemble de l'habitation ?

Une méthode efficace consiste à indiquer noir sur blanc les espaces à ranger, ainsi que les principaux problèmes : un dressing qui n'est qu'un amas désordonné de vêtements, des jouets qui traînent dans tous les coins de la chambre d'enfants ou même dans le salon, des documents administratifs (contrat de travail, contrat de bail, contrat d'assurance, factures diverses…) empilés n'importe où et en dépit du bon sens… La liste peut être longue en fonction de l'état dans lequel a sombré la maison. Ce plan détaillé permet de se faire une première idée de l'ampleur du travail à abattre.

2e étape : planifier le rangement

Le plus facile est de cocher sur un agenda les plages de temps qu'il est possible de consacrer à ce travail. Pas question, bien sûr, de glisser cinq minutes par-ci, dix minutes par-là. Si c'est pour travailler d'une manière aussi décousue et sporadique, autant ne rien faire du tout et continuer à vivre dans un « joyeux » désordre chaotique. Pour que le travail soit efficace et le résultat visible (et pour qu'il soit donc valorisant et motivant), il faut procéder par tranches d'une heure au minimum. Une demi-journée, une journée entière, un week-end…

sont encore plus profitables, toujours en fonction du niveau de désordre et de l'ampleur du travail. Cela dit, il est inutile de forcer les choses : chacun agit à son rythme, en fonction de ses disponibilités.

Afin que toute la famille soit sensible au travail de rangement, il est intéressant d'impliquer tout le monde : les parents et les enfants. Cela nécessite certes un peu d'organisation au niveau de la planification, mais cela permet de responsabiliser chaque membre de la famille. Inutile de faire croire à l'un ou l'autre que le rangement s'effectue tout seul. Comme par enchantement. Grâce à une discrète petite fée du logis ou à une docile « petite main » domestique. Éviter d'impliquer chaque occupant de la maisonnée reste le meilleur moyen pour que personne ne respecte le fabuleux travail accompli et que le désordre se réinstalle en deux temps trois mouvements.

3e étape : commencer par la pièce qui pose le plus de problèmes

Ou par la zone d'une pièce qui est la plus problématique : le dressing dans une chambre, par exemple. C'est cet endroit qui cause le plus de désagréments, le plus d'énervement, le plus de soucis et le plus de stress. Si la pièce est dans un tel état de chaos que la tâche semble insurmontable, le mieux est de commencer en douceur. Modestement, mais efficacement. Un premier tiroir, puis un deuxième, puis un placard... Petit à petit, pas à pas, le fatras cède ainsi la place à l'organisation, le désordre est remplacé par un ordre de bon aloi et, au final, la pièce retrouve, si l'on ose ainsi dire, un « visage humain ».

Rapidité d'action

Ranger son intérieur de fond en comble permet de transformer radicalement son environnement. De le transformer pour un mieux, bien entendu. Si le changement apporté est important, il est même possible de ressentir l'impression (très agréable, d'ailleurs) de vivre dans un nouvel environnement. Ce changement améliore la qualité de vie globale, mais pas seulement : il a aussi une très forte influence positive sur le moral et sur l'état d'esprit de chaque habitant.

La clé du succès réside non seulement dans une bonne planification du travail à accomplir, mais aussi dans la rapidité d'action. En veillant à ne pas confondre rapidité et efficacité avec précipitation et agitation... En effet, un changement rapide induit une perception radicalement différente de l'environnement alors qu'un processus de réorganisation et de rangement progressif, voire lent, ne se remarque pas vraiment. Le travail accompli, pour intéressant qu'il soit, n'a alors pas du tout le même impact sur l'état d'esprit des occupants des lieux.

Il n'y a pas trente-six manières de réaliser un changement rapide : il faut impérativement employer la méthode de rangement la plus efficace. Plus l'opération de rangement prend du temps, plus la fatigue et la démotivation s'installent. Il n'en faut pas plus pour briser net un bel élan. Pour abandonner un travail de rangement à moitié fait seulement.

Trier, jeter, ranger : le tiercé dans l'ordre

Pour obtenir un résultat optimal, il faut travailler en suivant un processus logique. En suivant un ordre aussi primordial que le résultat. Bonne nouvelle : ce processus n'est guère compliqué et ne comprend en fait que trois phases principales. D'une part, il faut effectuer un tri rigoureux. D'autre part, il faut jeter (ou offrir, faire don, vendre en seconde main.) sans le moindre remords tout ce dont il faut se débarrasser. Enfin, il convient de décider comment organiser et ranger les choses à garder. Dans cet ordre. Vu comme ça, cela semble super simple. Dans la pratique, ça l'est tout autant. La véritable astuce consiste à ne surtout pas mélanger les trois. Ne pas envisager de ranger avant d'avoir fini de trier et de jeter. C'est bien parce qu'elles ne procèdent pas dans cet ordre que certaines personnes ne font aucun progrès réel. Il est impossible de décider des choses à jeter en réfléchissant en même temps au rangement adéquat de ce qu'il y a à conserver. C'est totalement incompatible.

« AU CAS OÙ... »

Pour certaines personnes qui accordent une valeur parfois démesurée aux objets, jeter n'est pas un processus naturel. Et mettre un objet au fond d'un sac-poubelle n'a rien de simple. C'est même parfois un véritable dilemme. « Quoi ? Se débarrasser de cet objet alors qu'il est presque neuf et qu'il pourrait peut-être encore servir ? Ne vaudrait-il pas mieux le garder précieusement *au cas où* ?... »

Voilà bien une question qui ne mérite même pas d'être posée ! Si un objet quelconque traîne depuis des lustres au fin fond d'un tiroir ou d'une armoire sans avoir jamais été utilisé au cours des derniers mois, voire des dernières années, c'est qu'il n'a plus aucune utilité. Inutile de se triturer les méninges pour tenter de lui trouver une éventuelle utilisation ultérieure. Inutile, aussi, qu'il continue à encombrer l'un ou l'autre placard. Ce genre d'objet ne mérite qu'une seule chose : s'en débarrasser sans la plus petite hésitation !

Jeter, mais sur quelles bases ?

Jeter. Faire de la place. Oui, mais sur quelles bases ? Plusieurs critères peuvent entrer en ligne de compte. Les trois principaux – les plus évidents, aussi – sont les suivants :

- Les objets sont abîmés ou cassés (jouets, vieux vélos...) ;
- Les objets ne fonctionnent plus et ne sont pas réparables (petits appareils électroménagers, vieilles télévisions, anciens ordinateurs ou périphériques...) ;
- Les objets sont passés de mode (vêtements, chaussures, accessoires de mode...).

Cependant, certains spécialistes évoquent également d'autres règles complémentaires qui aident à effectuer un sérieux tri parfois bien indispensable. L'une d'elles est ce que l'on pourrait appeler le « jeter provisoire ». Quand on ne parvient pas à décider si tel ou tel objet doit être jeté ou s'il mérite d'être conservé, il suffit de le mettre dans un carton et de remiser ce dernier au fond du garage ou du grenier. Six mois plus tard, il sera temps d'ouvrir le carton et de décider à tête reposée du sort de tout ce qui y est entassé.

TOP 30 DES OBJETS DONT IL FAUT AB-SO-LU-MENT SE DÉBARRASSER

Voici une liste, non exhaustive, des objets dont il ne faut jamais hésiter à se débarrasser :

- Les vieux téléphones portables, les anciennes tablettes, les vieux ordinateurs… et l'ensemble de leurs accessoires, qui sont désormais dépassés ;
- Les appareils électroniques et/ou électroménagers qui sont en panne et qui n'ont jamais été réparés (ou qui ne peuvent plus l'être tellement ils sont vieux) ;
- Les appareils électroniques et/ou électroménagers qui n'ont plus été utilisés depuis des mois ou des années ;
- Les vieux câbles dont la destination a été oubliée depuis longtemps ;
- Les outils endommagés ou rouillés qui compliquent le bricolage plutôt que de le faciliter ;
- Les vieux pots de peinture tout desséchés ;
- Les modes d'emploi et autres notices d'appareils qui ont disparu depuis longtemps ;
- Les vieux journaux et magazines ;
- Les livres, bandes dessinées, disques vinyles, CD, DVD… qui ne correspondent plus aux goûts des habitants de la maison ;
- Les jouets qui n'amusent plus personne, ceux qui sont abîmés ou cassés ;
- Les vieux vélos qui rouillent depuis longtemps au fond d'une remise ou du garage ;
- Les anciens tickets de caisse, de métro, de parking… ;
- Les vieilles cartes de fidélité (la plupart d'entre elles ont une validité limitée dans le temps) ;
- Les vieux échantillons de produits cosmétiques, de savons, les vieilles lingettes rafraîchissantes offertes par certains restaurants ou certaines compagnies aériennes (ces produits ne sont pas conçus pour une longue conservation) ;
- Les vieux pots de produits cosmétiques (vernis à ongles, fard à paupières, fond de teint, crèmes diverses…) desséchés ou périmés ;

TOP 30 DES OBJETS DONT IL FAUT AB-SO-LU-MENT SE DÉBARRASSER *(suite)*

- Les médicaments périmés ;
- Les vêtements tachés, déchirés, troués, abîmés… qu'il n'est plus possible de porter ;
- Les vêtements devenus trop petits ;
- Les chaussures qui ne sont plus du tout à la mode ou qui font mal aux pieds chaque fois qu'on tente de les porter ;
- Les chaussettes et sous-vêtements tachés, déchirés, troués, abîmés… qu'il n'est plus possible de porter ;
- Les cintres de pressing qui ne sont pas conçus pour une utilisation soutenue ;
- Les bijoux fantaisie dépareillés (par exemple, la seule boucle d'oreille qui reste de ce qui était à l'origine une paire) ;
- Les montres et bijoux abîmés qu'il n'est pas possible de nettoyer ou de remettre en état ;
- Les portefeuilles, porte-documents, sacs à main, sacs de sport… en mauvais état ou inutilisés depuis longtemps ;
- Le matériel de cuisine qui n'est plus employé ;
- La vaisselle (assiettes, bols, plats, verres…) dépareillée, ébréchée… ;
- Le linge de maison (serviettes de bain, gants de toilette…) tachés, déchirés, troués, abîmés… qu'il n'est plus possible d'utiliser (dans certains cas, ils peuvent faire de bons chiffons) ;
- Les vieux oreillers (en devenant vieux et défoncés, ils peuvent causer plus de tort que de bien) ;
- Les vieux draps et les anciennes parures de lit troués, tachés, déchirés… dont il n'est plus possible de faire usage (dans certains cas, ils peuvent faire de bons chiffons) ;
- Les objets qui s'entassent inutilement en plusieurs exemplaires.

JETER RESPONSABLE

Jeter, c'est bien, mais pas n'importe comment, n'importe où ! Nombre d'articles sont purement et simplement interdits de poubelle. Ils ne doivent donc pas être mélangés aux ordures ménagères « classiques ». Quelques exemples ?

- » Les piles et les accumulateurs doivent être remis à un revendeur ou au supermarché.
- » Les produits toxiques tels que les solvants sont extrêmement dangereux pour l'homme et pour l'environnement. Impossible, donc, de les mélanger à d'autres déchets. Le mieux est de faire appel aux services de ramassage (parfois gratuits) de la mairie.
- » Les huiles de vidange et les batteries de voiture seront idéalement déposées dans des garages faisant partie du « relais vert auto » (s'il n'y en a pas à proximité, il faut se renseigner à la mairie).
- » Mention spéciale pour les médicaments. Les petites boîtes de pilules ou de gélules n'ont l'air de rien, mais elles totalisent tout de même plus de… 170 tonnes de déchets par an. Impressionnant ! La première chose qu'il faut savoir, c'est que conserver des médicaments périmés est une source potentielle de danger. Mais ces médocs ne se jettent pas avec les ordures ménagères car ils représentent aussi un risque réel pour l'environnement. Pour se débarrasser des médicaments non périmés (à la suite, par exemple, d'un traitement qui vient de se terminer), il suffit de se rendre chez le pharmacien le plus proche qui, selon la loi du 26 février 2007, est obligé de les reprendre (sans remboursement, toutefois, même si les boîtes sont pleines) sans rechigner. Même démarche pour les médicaments périmés dont il faut à tout prix se débarrasser : cap sur la pharmacie la plus proche.

Une chose essentielle : à ce stade, il ne faut pas se focaliser exclusivement sur la manière de se débarrasser de tous les objets à évacuer, mais plutôt sur tous les autres, à conserver précieusement. Surtout s'ils sont bien rangés… Car à force de se braquer sur tout ce qu'il y a à jeter, on en finit par oublier de mettre en valeur et d'apprécier tout ce que l'on conserve. D'un côté, il y a une vision foncièrement négative (jeter), de l'autre, il y a plutôt une vue tout à fait positive (apprécier ce que l'on garde). C'est dans ce contexte que certains gourous du rangement préconisent de ne conserver que les objets (de tous types) qui apportent un véritable plaisir et de jeter tous ceux qui n'apportent aucune émotion positive. Ils affirment que ce critère est probablement le plus simple et le plus précis que l'on puisse trouver pour attaquer la phase « jeter, décider ».

2

« Bienvenue chez nous ! »

DANS CETTE PARTIE . . .

De l'entrée au séjour en passant par le coin bureau ou la salle à manger, les principales pièces de vie de la maison sont à l'image de celles et ceux qui y habitent. Elles respirent l'ordre, le confort et le bien-être… ou pas.

L'entrée est l'endroit qui fournit la toute première image de la maison… et donc de ses occupants. Est-elle pimpante, riante, chaleureuse, bien aménagée et ordonnée ? Il y a de fortes chances pour que le reste de l'habitation le soit aussi. Et pour que tout le monde s'y sente bien. Un dicton populaire affirme d'ailleurs que « la première impression est toujours la bonne ».

Plus loin, le salon se doit d'être un espace « cocooning » par excellence, tout autant que la salle à manger qui doit être un endroit de gourmandise et de convivialité.

Tous ces espaces ne peuvent respirer la quiétude et le bien-être que si le désordre en est totalement absent. Ce n'est pas une question de volume ou d'espace. Pas plus que de nombre de personnes vivant sous le même toit. C'est avant tout une question d'organisation, de légitime recherche de bien-être et d'élémentaire respect pour chaque occupant des lieux.

Chapitre 4

Une entrée en fanfare !

DANS CE CHAPITRE :

- **Quelques conseils feng shui pour une entrée au top**
- **Fonctionnalité, efficacité**
- **Se prendre une veste… ou pas**
- **Trouver chaussure à son pied**
- **Du principal à l'accessoire**
- **Et le couloir ?**

Dans le feng shui populaire, la porte d'entrée représente la « bouche » de la maison. Image osée ? Peut-être. Mais pas totalement déraisonnable. Comme l'affirme un vieux proverbe chinois : « Pour vivre vieux, il faut faire attention à ce qui entre et à ce qui sort de la bouche », la nourriture et la boisson y pénètrent, le souffle et les paroles s'en exhalent. Comme la bouche pour l'homme, la porte d'entrée de la maison représente le passage indispensable et obligé entre l'externe, le dehors et le grossier d'une part, et l'interne, le dedans et le subtil d'autre part. La porte d'entrée, qui est aussi la porte principale, doit donc protéger la maison mais aussi permettre une circulation harmonieuse de l'énergie vitale (ce que les Chinois appellent le « *chi* »). Cette énergie doit pouvoir entrer dans la maison, mais ne doit pas s'y précipiter ou s'y déverser avec violence.

Pour les spécialistes du feng shui, l'aménagement de l'entrée se doit de répondre à toute une série de critères. Mais ils insistent surtout pour que cet espace intermédiaire – sorte de lien entre l'extérieur et l'intérieur – soit harmonieux. Et qu'il ne serve pas simplement de débarras. Surtout pas ! Pour toutes les personnes attentives à la convivialité de leur habitation et à leur bien-être, l'entrée ne souffre ni le désordre, ni le chaos.

Quelques conseils feng shui pour une entrée au top

« Bouche » de la maison, véritable réceptacle de toutes les énergies qui se glissent dans l'habitation, l'entrée est un espace important et stratégique. Mais malheureusement trop souvent négligé. Le feng shui dispose de quelques grands principes qui permettent de mettre cet espace en valeur tout en le rendant plus harmonieux :

- Choisir avec soin la couleur de la porte extérieure, sachant par exemple qu'une porte verte induit une bonne santé, une porte noire apporte de l'argent et une porte rouge attire la chance… ;
- Dans l'entrée, privilégier des couleurs pastel et lumineuses (blanc, bleu, vert, rose clair…) en évitant les couleurs intenses (le vert fluo, par exemple) et les couleurs sombres : le noir, le brun (à l'exception de la couleur naturelle du bois) ;
- Ne jamais fixer un miroir juste en face de la porte d'entrée car le *chi*, énergie vitale, se réfléchirait dessus pour quitter aussitôt la maison ;
- Préserver depuis l'entrée une vue dégagée sur le reste de la maison (sur le salon, par exemple) ;
- Dans l'entrée, éviter les plantes dont les feuilles sont « agressives » (pointues, piquantes…) et les objets évoquant la violence (armes ou reproductions d'armes…) ;
- Éviter les angles porteurs de mauvais *chi* en direction de la porte. « Casser » les éventuels mauvais angles en y disposant, par exemple, une plante verte positive ;
- Ne jamais laisser le désordre envahir l'entrée (avec des amas de vêtements, de chaussures…) car le *chi* y stagnerait et serait incapable de se propager dans le reste de la maison (d'où une vie sociale difficile et une vie familiale sans harmonie).

Certes, dans nos modes de pensée occidentaux, l'entrée n'est généralement pas considérée comme une pièce de vie à part entière. Certes, elle a une fonction purement utilitaire. Mais pas que...

Fonctionnalité, efficacité

« On n'a pas deux fois l'occasion de faire une première bonne impression ! »

Que l'entrée de la maison soit spacieuse ou non, peu importe ! Dans tous les cas, il est possible de la transformer en un infernal capharnaüm où, comme l'on dit familièrement, un chat ne retrouverait pas ses petits. Rien de plus facile ! Il suffit que chaque habitant de la maison y jette en vrac ses affaires en passant : clés, sac à main ou sac à dos, chaussures, vestes et manteaux, courrier ramassé en vitesse dans la boîte aux lettres, Smartphone, tickets de caisse piochés au fond des poches, casques de vélo ou de moto, pièces de monnaie... Il n'y a que l'embarras du choix.

À l'inverse, il est aussi possible, quelles que soient la superficie et la configuration de son entrée, de l'aménager de manière à la rendre accueillante, fonctionnelle, conviviale et efficace. Ce qui est d'autant plus important que c'est bel et bien cet espace qui donne le ton de toute la maison. Que c'est lui aussi qui fournit aux visiteurs la toute première impression – favorable ou défavorable – de la maison et de ses habitants.

D'une manière globale, une entrée agréable, chaleureuse et fonctionnelle se doit de répondre idéalement aux besoins spécifiques de la famille. En fonction des cas, elle peut donc comporter :

- Un vide-poches pour y déposer clés, monnaie... ;
- Une corbeille ou une boîte pour déposer le courrier ;
- Un espace pour accrocher les vestes et manteaux ;
- Un espace pour ranger les sacs à main, sacs à dos, cartables... ;
- Un espace pour ranger les chaussures, bottes, baskets... ;

» Des espaces de rangement pour les gants, écharpes et autres accessoires ;

» Un miroir pour éventuellement effectuer les dernières petites retouches avant de quitter la maison.

Voilà pour l'agencement général. Et dans le détail…

Se prendre une veste… ou pas

Vestes, manteaux, blousons de toile ou de cuir et autres imperméables sont des pièces d'habillement qui prennent toujours une place folle. Et cela d'autant plus que la plupart d'entre nous ont la détestable habitude de les « collectionner » au fil des années, des modes et des saisons. Résultat : des vêtements qui s'entassent généralement en vrac sur une banquette ou qui s'empilent tant bien que mal (et généralement plus mal que bien, d'ailleurs…) sur un malheureux portemanteau surchargé qui n'en demande pourtant pas tant. Bref, quelle que soit la solution adoptée, c'est peu pratique et c'est très moche ! À peine la porte d'entrée franchie, cela donne l'impression que la maison, comme les manteaux, est en vrac.

L'incontournable trio « trier-jeter-ranger » est de rigueur ! Voici comment procéder de manière efficace.

À trier !

La première chose à faire est d'effecteur un tri (rigoureux, le tri !) afin de ne garder que les vestes et manteaux qui sont réellement utilisés. Tous les autres doivent être mis de côté sans le moindre remords, destinés à être donnés ou jetés. Par « tous les autres », il faut comprendre : les vestes, manteaux, imperméables, blousons…

» Qui ne sont plus à la bonne taille (trop petits, trop grands, trop courts, trop larges…) ;

» Qui se révèlent de mauvais achats, à savoir qui étaient absolument « a-do-ra-bles » dans la boutique mais qui s'avèrent impossibles à porter (trop excentriques, pas pratiques du tout, pas coordonnés avec les autres vêtements…) ;

- Qui sont en mauvais état, devenus informes, déchirés ou qui affichent des taches indélébiles ;
- Qui ne plaisent plus du tout et dont on est certain qu'ils ne seront plus jamais portés.

Été/hiver

Ce premier grand tri effectué, reste à en réaliser un second, en fonction des saisons. Il est en effet inutile de laisser traîner dans l'entrée de grosses vestes d'hiver alors que l'on prévoit une période de canicule. Ou d'encombrer l'entrée avec des petits blousons légers alors que la météo annonce une vague de froid. Il faudra donc :

- Dans le courant du mois de septembre, ressortir les vêtements chauds pour l'hiver ;
- En mars ou avril, ressortir les vêtements légers pour le printemps et l'été.

Il ne faut donc laisser dans l'entrée que les vêtements de saison. Plusieurs options sont possibles :

- **S'il y a un placard dans l'entrée, y installer deux grandes tringles :** l'une à bonne hauteur pour les adultes et une autre plus basse, à bonne hauteur pour les enfants, dont les vêtements sont généralement plus courts que ceux des adultes. Chaque veste, manteau, blouson… doit être installé individuellement sur un cintre (ne jamais empiler plusieurs pièces de vêtements sur un même cintre !). Prévoir aussi dans le même placard quelques cintres pour les vêtements des invités de passage ;
- **S'il n'y a pas de placard ou de penderie dans l'entrée, le mieux est d'y installer un portemanteau.** Deux possibilités : un portemanteau suspendu à accrocher au mur (ne pas suspendre plus d'un vêtement par crochet sous peine de voir l'ensemble se casser régulièrement la figure) ou un portemanteau à pieds, dont le principal inconvénient réside dans la place qu'il occupe. Ce type de portemanteau ne peut être utilisé que dans les entrées les plus spacieuses.

Avant d'être rangés pour plusieurs mois dans une penderie spécifique, les vestes, manteaux, blousons, imperméables... « hors saison » doivent être nettoyés à la machine ou confiés à un bon pressing en fonction des cas (en suivant les indications mentionnées sur les étiquettes). Ensuite, le mieux est de les glisser individuellement dans des housses de rangement (éventuellement même des housses de rangement sous vide qui, une fois l'air contenu aspiré, protègent bien les vêtements tout en offrant un gain de place considérable), puis de les ranger dans une penderie spécifique (dans la chambre à coucher ou dans un dressing).

Trouver chaussure à son pied

Le calcul à faire est amusant : le nombre d'habitants de la maison multiplié par deux pieds par personne égale... un grand, un très grand nombre de chaussures de toutes tailles et de tous types : mocassins, pantoufles et chaussons, chaussures de sport, sandales, bottes de moto ou de jardinage, bottillons, espadrilles pour l'été... et tant d'autres encore. Le choix est vaste. Jour après jour, les godasses, les grolles, les pompes et autres tatanes s'amoncellent en vrac dans l'entrée, au fur et à mesure que chacun rentre à la maison et les balance négligemment dans un coin. Et ça prend vite de la place, tout ça ! Beaucoup de place. Trop de place. Sans même parler de l'aspect esthétique très discutable d'une décoration faite d'un tas instable de tongs, baskets et autres escarpins...

Je trie, je jette, je range

Le processus à suivre est le même que pour les manteaux et se décompose en trois étapes : trier, jeter, ranger.

Première chose à faire : effectuer un sérieux tri en éliminant (*via* l'un ou l'autre organisme caritatif si les chaussures sont encore en très bon état, ou directement à la poubelle si elles ne valent pas mieux) toutes les chaussures qui ne prendront plus jamais leur(s) pied(s). À savoir : les chaussures devenues trop petites, celles qui sont trop grandes même avec des semelles empilées à l'intérieur, celles qui font toujours mal aux pieds (même si elles sont belles ou de marque), celles qui sont définitivement passées de mode et celles qui sont tellement abîmées et éculées que même la poubelle hésite à les accueillir.

Second tri important : un tri saisonnier. À quoi sert d'encombrer l'entrée avec de grosses bottes fourrées, bien douillettes en hiver, alors que le mercure culmine à plus de 30 °C ? Ou de laisser s'entasser les sandales alors que le moment est venu de sortir la luge et les skis ? Toutes les chaussures « hors saison » méritent d'être rangées à part, éventuellement dans une armoire spécifique, après avoir été soigneusement entretenues : cirées et éventuellement ressemelées.

Ce double tri étant réalisé, le moment est venu d'effectuer un bon rangement des chaussures de saison. On conseille souvent de trier ces chaussures en fonction de leur style et de leur fréquence d'utilisation : les chaussures portées quotidiennement, les chaussures de sport... Cela permet de trouver facilement les chaussures appropriées et donc de gagner journellement en efficacité. Cependant, il y a parfois un problème de place : les entrées ne sont pas toujours assez spacieuses pour accueillir toutes les chaussures de saison de toute la famille. Dans ce cas, la priorité doit être donnée aux chaussures « de tous les jours », celles qui sont le plus souvent utilisées. Les autres peuvent être soigneusement rangées dans d'autres parties de la maison. Ainsi, par exemple, les chaussures de sport peuvent fort bien trouver place dans le garage.

Des rangements adéquats

Reste à trouver les rangements adéquats, en fonction du nombre de chaussures à ranger, de l'espace disponible dans l'entrée ainsi que de son style. Plusieurs options sont possibles :

» **Les casiers souples à suspendre :** il s'agit généralement d'un système de rangement en tissu (plus rarement en plastique), à plusieurs compartiments, à suspendre sur une tringle. Chaque paire de chaussures dispose de sa propre case de rangement. De ce fait, il n'y a aucun risque de mélanger ou d'abîmer les chaussures. Autre avantage de ce type de rangement : les paires de petites chaussures estivales (sandales, tongs...) peuvent éventuellement être rangées par deux dans une même case (à condition de les disposer tête-bêche). Fort peu esthétique mais relativement peu encombrant, ce genre de casiers souples à suspendre gagne à être caché dans un placard de l'entrée.

» **Les barres de support :** ces barres se fixent directement (et solidement !) dans les murs ou à l'intérieur des placards. Elles conviennent mieux aux chaussures qui disposent d'un talon : la barre est en effet calée entre semelle et talon. L'aspect esthétique de ce type de rangement n'étant vraiment pas terrible, ces barres gagnent aussi à être camouflées et trouvent plutôt place au fond du placard de l'entrée. Après tout, la maison ne doit pas ressembler à un magasin de chaussures !

» **Les meubles à chaussures :** ces meubles dotés de tiroirs à bascule se trouvent dans la plupart des magasins d'ameublement correctement achalandés. Les tiroirs de rangement s'ouvrent par le haut et les chaussures y sont rangées à la verticale. Ces armoires sont disponibles en différents styles, ce qui fait qu'il est relativement facile de les harmoniser avec le reste de la déco. Leur avantage réside dans le fait qu'elles sont peu profondes et qu'elles prennent donc assez peu de place. Leur principal inconvénient réside aussi dans leur faible profondeur : toutes les armoires n'accueillent pas nécessairement les plus grandes pointures (ceux qui vivent sur un grand pied doivent vérifier avant l'achat), pas plus que les chaussures de type bottillons ou bottes. Autre inconvénient : le nombre de paires de chaussures pouvant y être rangées est limité. Les plus grands modèles ne permettent pas de ranger plus de quinze à vingt paires de chaussures ; ce qui peut paraître énorme si on vit seul ou en couple, mais qui semble parfois un peu dérisoire pour les familles nombreuses.

LES CHAUSSURES SORTENT EN BOÎTE

Il y a encore une autre manière de ranger les chaussures : les laisser dans leurs boîtes d'origine. Pour ne pas devoir ouvrir toutes les boîtes chaque fois que l'on doit se chausser, le mieux est d'indiquer sur la face visible la paire dont il s'agit (ou d'y coller la photo de la paire de chaussures).

Les plus maniaques s'arrangeront pour customiser les boîtes en les repeignant ou en les recouvrant d'un papier autocollant au choix.

Une précision : ce type de rangement ne convient pas pour ranger toutes les chaussures de toute la famille car il nécessiterait alors trop de manipulations… et donc trop de risque de désordre : trouver la bonne boîte, prendre les chaussures, refermer la boîte, la remettre en place puis trouver à nouveau la bonne boîte, y ranger les chaussures (sèches, nettoyées et cirées), refermer la boîte et la remettre en place. C'est une routine un peu longue et fastidieuse qui ne convient certainement pas aux enfants… pas plus qu'aux adultes qui manquent d'organisation ou d'autodiscipline. En revanche, ce système peut venir en complément d'un autre système de rangement dans l'entrée, en étant réservé aux paires de chaussures les moins utilisées. Il peut trouver place dans une autre pièce de la maison : chambre ou dressing, par exemple.

Du principal à l'accessoire

Ou plutôt : du principal aux accessoires. Tous ces gants, écharpes, bonnets, ceintures… qui, souvent, ne bénéficient pas d'une place attitrée et qui finissent empilés sur un meuble, sur une rampe d'escalier, voire par terre.

Encore une fois, le même processus est de rigueur : trier, jeter, ranger.

Plusieurs tris sont à effectuer !

» **Un tri en fonction de l'état des accessoires :** les vieilles écharpes qui boulochent, les bonnets des enfants qui sont devenus trop petits, les paires de gants qui ont perdu la main (ou, en tout cas, qui ont perdu une main…) ne méritent pas d'être conservés plus longtemps ;

» **Un tri en fonction de la saison :** les gros bonnets, les douillettes écharpes, les paires de gants bien chauds… sont regroupés pour l'hiver ; les jolis foulards colorés, les visières, les casquettes… sont rassemblés pour l'été. Inutile que les deux encombrent en même temps les rangements de l'entrée ;

» **Un tri en fonction de la fréquence d'utilisation :** les accessoires les moins utilisés peuvent être rangés ailleurs (dans les placards d'une chambre, dans un dressing, ou encore dans la buanderie).

Reste à savoir comment bien ranger tout ce bazar… pour que ce n'en soit plus un, justement.

» **Les accessoires de saison peuvent être déposés dans un joli panier en osier ou dans un autre beau contenant ouvert.** Celui-ci doit être disposé dans un endroit accessible à tous, y compris aux enfants afin qu'ils acquièrent le réflexe de ranger systématiquement leurs gants, écharpes… en rentrant à la maison plutôt que de les jeter n'importe où. Ranger les accessoires de saison, utilisés quotidiennement ou presque, dans un contenant fermé est une fausse bonne idée. Même si cela peut paraître très déco, il faut savoir que, adulte ou enfant, on a généralement tendance à les déposer sur la première surface disponible dans l'entrée. D'où accumulation, d'où désordre !

UN RANGEMENT EN CAS DE PÉPIN

En toute saison, il faut prévoir un rangement adéquat pour les parapluies. Les bons vieux pépins dont il est parfois dangereux de se séparer, quel que soit le mois de l'année ou à peu près.

On trouve aujourd'hui dans le commerce des porte-parapluies de tous les styles, depuis les plus classiques jusqu'aux plus design. L'idéal est de placer le porte-parapluies dans un coin discret de l'entrée, là où on le remarque le moins.

- **Les accessoires hors saison sont rangés dans un contenant fermé** (une belle malle, par exemple) relégué dans la buanderie, dans le dressing, voire dans le garage si celui-ci n'est pas humide.

Reste à caser tous ces petits objets qui prennent un malin plaisir à disparaître comme par enchantement et qui font perdre un temps précieux au moment de quitter la maison… toujours pressé et toujours en retard comme il se doit. On parle ici des clés, des portefeuilles, des cartes de transport, des petits paquets de mouchoirs en papier, entre autres. Deux conseils utiles pour éviter autant d'énervement que de perte de temps :

- Ayez le réflexe de vider systématiquement vos poches (manteau, pantalon…) en rentrant à la maison ;
- Disposez, sur un meuble dans l'entrée, un joli contenant (une belle corbeille, un plateau joliment décoré, un panier en osier…) où ranger systématiquement les clés, téléphones… et autres objets à récupérer au moment de quitter la maison.

Mise à sac

Il est beau, certes, mais plus encore. Il est précieux. Indispensable. Et contient tout ce dont on a ab-so-lu-ment besoin dès que l'on sort de la maison. Le portefeuille et le chéquier. Un agenda et un carnet d'adresses. Le Smartphone. Un paquet de mouchoirs en papier. Le trousseau de clés. Un petit parapluie. Quelques produits cosmétiques qu'il est toujours bon d'avoir sous la main (rouge à lèvres…), les lunettes (avec leur étui), la carte du parking, l'abonnement au théâtre ou à la bibliothèque… et tant, tant d'autres petites choses encore. Il n'en faut pas plus (c'est déjà trop !) pour que le joli petit sac devienne un véritable fourre-tout plein à craquer. Pas toujours facile de s'y retrouver !

Un sac plein… de bonne volonté

Il est certes petit et mignon, mais – gentil comme tout – il accueille sans (trop) sourciller et sans (trop) se plaindre (sauf peut-être un peu aux coutures !) tout ce dont on a impérativement besoin en cours de journée : du portefeuille aux mouchoirs en papier, de la carte de crédit aux produits cosmétiques de première urgence, du carnet d'adresses aux papiers d'identité, des cartes de transport au téléphone portable... Bref, il est plein à craquer. Et surtout plein de bonne volonté !

C'est le moment de vider son sac

Tout ce qui se trouve dans le sac à main est tellement indispensable au quotidien qu'il est rare que l'on voie l'utilité de le vider. Encore moins de le vider chaque soir en rentrant à la maison. Erreur ! Grosse erreur !

Car même s'il est plein de bonne volonté, même si ses coutures sont parfois prêtes à rendre l'âme mais finissent tout de même par résister courageusement, même s'il ne se plaint ou ne proteste jamais même quand il est bourré et malmené, il mérite – ô combien ! – un petit répit. Même quand il ne prend pas l'air, même quand il ne va pas bosser ou se promener, même quand il reste enfermé dans une penderie ou un placard, il reste plein à craquer. Toujours sans dire un mot... Mais à la longue, la fatigue se fait sentir. Il prend un air avachi. Abattu. Usé. Rien de plus normal ! Comment serait-on en étant traité comme lui ? Mais ne mérite-t-il pas plus de reconnaissance ? Et d'être mieux traité ?

Droit à l'essentiel

Vider son sac à main chaque soir est d'autant plus important qu'en cours de journée, il y a plein de choses qui s'y rajoutent. Presque insidieusement. L'une après l'autre. Un reçu de parking ici. Un ticket de caisse par-là. Un paquet de bonbons acheté en vitesse, pour satisfaire une petite gourmandise. Un emballage de chewing-gum tout froissé... À la longue, les objets essentiels qui ont vraiment leur place dans le sac à main finissent par être mêlés à ces ajouts quotidiens... et à disparaître sous eux. Dès lors, dès qu'il s'agit de remettre la main sur la carte bleue, le trousseau de clés, le poudrier ou le rouge à lèvres, c'est la galère. L'affolement. L'énervement. Et même l'énervement inutile.

Vider son sac chaque soir n'est ni difficile, ni long. Cela permet de faire le tri (une fois de plus !) entre ce qui peut rester dans le sac et ce qui mérite d'être classé ailleurs ou tout simplement jeté (ces vieux tickets de caisse tout chiffonnés qui datent de Mathusalem). Cela permet ensuite de mettre de l'ordre dans le sac et de tout y ranger de manière pratique et logique.

D'accord, ce n'est pas toujours agréable à faire quand on rentre tard chez soi après une journée harassante. Pas de problème ! Il suffit de réserver cinq minutes le lendemain main pour effectuer la même démarche et partir du bon pied pour toute la journée.

Et le couloir ?

Comme l'entrée, le couloir peut être beaucoup plus qu'un simple lieu de passage. Souvent sous-exploité et surencombré, ce passage peut aisément être rendu confortable, aménagé et optimisé.

Question de dimensions

S'il est conçu dans les règles de l'art, le couloir doit en principe présenter un passage libre d'au moins quatre-vingts centimètres. S'il est plus large, il peut être sympa et utile de le décorer avec une console, étagère ou penderie qui, outre une fonction esthétique, présentera également un réel aspect pratique, en complément des rangements prévus dans l'entrée.

Petite astuce : contrairement à ce que l'on peut parfois penser, les rayonnages dans un couloir ne s'installent pas nécessairement de la même manière que dans les autres pièces. Les plus profonds sont au plus haut, tandis que les étagères les plus étroites se retrouvent vers le bas. C'est une manière astucieuse de laisser plus de place au passage, mais aussi d'alléger l'ensemble sur un plan esthétique.

Si l'espace le permet, il peut également être intéressant d'y installer une jolie banquette-coffre. D'une part, le coffre servira de rangement (pour les casques de moto ou de vélo, des chaussures... par exemple) et, d'autre part, la banquette permet de s'asseoir pour mettre facilement ses chaussures et les lacer. Coup double !

En trompe-l'œil

Deux petites astuces permettent de transformer d'un coup de baguette magique un simple petit couloir étriqué en un bel espace spacieux. Ou, en tout cas, en un espace qui donne une agréable sensation d'espace et de volume.

- Privilégiez des couleurs claires pour le plafond et n'appliquez la même couleur que jusqu'à mi-hauteur des murs.
- Jouez avec l'application de miroirs afin de refléter l'espace. Un miroir placé juste en face d'une fenêtre donne la sensation d'une seconde ouverture. Rien de tel pour donner l'illusion d'agrandir et illuminer l'espace !

NE PAS ENCOMBRER AVEC LES RANGEMENTS !

Le comble serait évidemment d'encombrer l'entrée de la maison avec les rangements censés, justement, la désencombrer. À quoi sert de retirer les manteaux, chaussures et autres accessoires qui transforment l'entrée en un incroyable foutoir si c'est pour l'encombrer aussitôt par de la déco ou des meubles trop nombreux ou trop imposants ?

Quelques conseils utiles valables quelles que soient la superficie et la configuration de l'entrée :

- Pour l'esthétique, mais aussi pour des questions de sécurité (évacuation en cas d'incendie, par exemple), n'obstruez jamais les portes et les passages (ainsi que les couloirs et les escaliers) ;
- Placez toujours les patères et les portemanteaux de manière à ne pas gêner l'ouverture des portes ni le passage des personnes ;
- N'entravez jamais l'accès aux autres pièces de la maison.

Chapitre 5

Et si nous tenions salon ?

DANS CE CHAPITRE :

- **Organiser, ranger et optimiser la pièce de vie**
- **L'espace multimédia et la bibliothèque**
- **Quand le bureau se retrouve au (petit) coin...**

Tout le monde connaît l'expression « tenir salon ». Elle trouve ses origines dans les salons littéraires du XVIIe siècle, puis est très en vogue au cours des deux siècles suivants. Aujourd'hui, son sens a quelque peu évolué. Son caractère initial, à la fois cultivé et littéraire, a cédé la place à une signification beaucoup plus légère et futile, bien dans l'air du temps : « tenir salon » désigne désormais le fait de parler de tout et de rien, d'évoquer des sujets anecdotiques et superficiels.

Rien de superficiel dans ce qui va suivre, cependant ! Au contraire ! Après l'entrée, véritable « bouche » de la maison, le moment est venu de passer au salon puis, dans le chapitre suivant, dans la salle à manger (qui, dans de nombreuses habitations modernes, se confondent en une seule pièce subdivisée en deux espaces thématiques distincts). Autrement dit, aux véritables pièces de vie de la maison. Celles où la famille se réunit. Celles où l'on reçoit les amis pour l'apéro. Pour regarder un match de foot entre potes, la pizza ou les sushis à portée de main. Des pièces qui, en principe, sont avant tout vouées à la détente et qui sont le lieu central de la vie familiale et sociale. Des pièces, aussi, qui doivent respirer le confort, l'harmonie et le bien-être. En principe du moins.

De la théorie à la pratique, de l'idéal à la (parfois triste) réalité, il y a souvent un monde. Un monde de chaos, de fatras et de désordre qui transforme ces pièces à vivre – notamment le salon qui peut tour à tour devenir salle de jeux, débarras, salle de repassage, ou encore bureau – en pièces invivables où, en fin de compte, personne ne trouve vraiment sa place et ne se sent bien.

Idéalement accueillant, cosy et fonctionnel, le salon mérite toute l'attention : il abrite généralement une multitude d'objets (parfois même beaucoup trop : meubles, bibelots divers, tableaux, livres, CD et DVD, entre autres) alors qu'il doit présenter un confort – physique et visuel – optimal pour être une véritable pièce de bien-être.

Organiser, ranger et optimiser la pièce de vie

Dans la grande majorité des habitations, le salon est la pièce centrale de la vie familiale et sociale. La principale difficulté réside dans le fait qu'elle recouvre une multitude d'usages possibles : c'est à la fois un endroit de détente, d'amusement, de partage, de réception et de convivialité. On y reçoit les amis, la famille s'y réunit, on y regarde la télévision et on y écoute de la musique. On y joue en famille et on y bouquine. On y installe parfois son bureau, aussi. Avec autant d'utilisations diversifiées, le salon doit impérativement conserver un aspect fonctionnel essentiel et être conçu avec soin pour rester en ordre et ne pas sombrer dans un indescriptible chaos.

Procéder par étapes

» **La première étape consiste à évaluer la pièce et à se poser les bonnes questions.** Quels sont les usages principaux du salon ? Quelle est la fréquence d'utilisation de la pièce ? Quelle ambiance, quelle atmosphère lui donner ? Dispose-t-elle d'assez d'espaces de rangement ou faut-il en acquérir de nouveaux (armoires, étagères...) ? Les réponses à ces questions permettent de prendre ensuite les meilleures décisions quant au choix du mobilier, de la déco, des espaces de stockage et de rangement.

» **L'étape suivante consiste à planifier le temps nécessaire au désencombrement, au nettoyage et au rangement du salon.** L'idéal est de le vider complètement (à l'exception des plus gros meubles à laisser sur place), ce qui permet un nettoyage complet et efficace, mais aussi une éventuelle (re)disposition facile du mobilier de manière à obtenir la configuration idéale en fonction des utilisations familiales et des spécificités de la pièce.

» **Enfin, arrive l'étape cruciale du tri.** Une étape indispensable. Essentielle. C'est le bon moment pour se débarrasser de tout ce qui est abîmé, de tout ce qui n'est plus utilisé depuis longtemps, de tout ce qui est dépareillé... Ce n'est qu'après ce tri rigoureux, et après le nettoyage complet de la pièce, que celle-ci pourra enfin être réorganisée et soigneusement rangée.

Délimiter des zones

Si le salon a plusieurs fonctions (salle de réception, salle de jeux pour les enfants, bureau familial, et aussi espace multimédia), il est toujours conseillé de bien les séparer et de les distinguer par zones. Il n'y a rien de plus inconfortable et perturbant que d'avoir un même espace (ou une même partie d'espace) où se télescopent plusieurs activités qui n'ont rien à voir les unes avec les autres. Par la suite, cette délimitation par zones permettra aussi de déterminer facilement celle qui a besoin de rangement. C'est une manière efficace d'éviter le désordre tous azimuts dans le salon.

Qu'importe si cette délimitation, par définition toute personnelle, ne répond pas aux critères traditionnels du salon conventionnel : le plus important est que la pièce corresponde aux besoins spécifiques de celles et ceux qui l'utilisent.

UN SALON 100 % FENG SHUI

Selon les principes du feng shui, n'importe quel angle saillant (que ce soit d'une pièce ou d'un meuble) génère une énergie négative. C'est pourquoi il est recommandé d'« arrondir les angles » de la pièce en y installant des plantes vertes à larges feuilles (jamais de feuilles trop pointues, piquantes et agressives) ou de les camoufler à l'aide, par exemple, d'un joli paravent. On ne pense pas souvent à cet accessoire, mais il en existe de superbes, aussi bien dans le style classique que très contemporain. Dans le même ordre d'idées, tout objet « agressif » (c'est-à-dire les objets pointus, triangulaires, ainsi que les armes ou reproductions d'armes) est à bannir définitivement du salon (et de toutes les autres pièces de la maison, d'ailleurs).

Idéalement, le séjour (salon et salle à manger) doit se situer non loin de la porte d'entrée. Les sièges doivent être confortables et positionnés autour d'une cheminée, ou encore d'une table basse, mais jamais dos à la porte. Si, pour une question de disposition, le canapé se retrouve au milieu de la pièce (et non pas adossé à un mur), il faut placer derrière lui une plante, une lampe de lecture ou un petit meuble de manière à ce qu'il ne se retrouve pas isolé. Dans tous les cas, les meubles lisses et faciles à nettoyer sont à privilégier, contrairement au mobilier en mauvais état ou chargé d'histoire(s). Le mobilier doit être complété par un éclairage de qualité et, si possible, modulable. Les couleurs (murs, tableaux et déco) doivent être chaleureuses. Les voilages restent autant que possible ouverts (les doubles rideaux ou doubles tentures sont à proscrire car ils empêchent l'énergie positive, le *chi*, de circuler).

Le feng shui est l'ennemi juré du désordre et de la surabondance d'objets. Il recommande plutôt d'effectuer un tri sévère et d'épurer. Les objets qui traînent n'importe où (jouets, vieux journaux, ordinateurs, bibelots en trop grand nombre, vêtements...) gênent la bonne circulation du *chi*.

L'espace multimédia et la bibliothèque

La télévision, la chaîne hi-fi et les nombreux accessoires (décodeur, télécommande, barre de son, installation de home-cinéma...) font désormais partie intégrante du salon. Problème : même s'ils ne se cachent plus, ces objets sont, dans leur immense majorité, aussi encombrants qu'inesthétiques.

En outre, en fonction du style général de la pièce (ancien, champêtre...), ces nouveaux appareils se positionnent comme de véritables coups de poignard dans la déco. Heureusement, de bonnes solutions de déco et de rangement existent.

Une télé enfin rangée et qui disparaît comme par enchantement

Bonne nouvelle : il est désormais facile de ranger et de faire disparaître la télévision quand on ne la regarde pas. On trouve dans le commerce une multitude de possibilités qui permettent un rangement efficace du petit écran. Il y a bien entendu les meubles qui escamotent simplement le téléviseur, mais il y a aussi beaucoup plus original et encore plus pratique.

Ainsi, par exemple, plusieurs sociétés fabriquent et commercialisent la télévision miroir (éventuellement sur mesure). Un concept ingénieux qui présente en outre l'avantage de s'intégrer harmonieusement à quasiment tous les styles de déco grâce à d'innombrables designs disponibles. Quand elle n'est pas utilisée, la télévision se transforme en un miroir. Lorsque la famille veut regarder son feuilleton préféré, le miroir « intelligent » (encastré ou non) se transforme *illico* en téléviseur, avec une qualité d'image qui tend vers la perfection pour les meilleurs modèles. Il s'agit là d'une magnifique solution (financièrement abordable, ce qui ne gâche rien) pour camoufler cet horrible objet, améliorer la déco générale du salon et ranger la pièce.

Autre option, encore plus high-tech : la vitre dite « intelligente ». En fait, une fenêtre connectée qui peut afficher l'heure, la température intérieure/extérieure... et la télévision. Cette « fenêtre de demain » en est malheureusement encore au stade du concept à l'heure où ces lignes sont écrites, mais les recherches ne cessent d'avancer et les problèmes techniques se résolvent les uns après les autres. Certains n'hésitent déjà plus à affirmer que la vitre « intelligente », incorporant une télé de qualité signera l'arrêt de mort de la disgracieuse télé classique.

La télévision a considérablement modifié notre façon de vivre dans le salon. Celui-ci fait désormais souvent office de coin télé et il est alors complètement structuré autour du téléviseur qui se positionne comme l'un des éléments centraux de la pièce. Pour que le coin télé soit réussi, il y a quelques erreurs à éviter !

- **Ne négligez pas la distance entre la télévision et l'assise :** il est nécessaire de respecter une certaine distance entre la télé et les fauteuils. Ni trop réduite, ni trop importante. C'est la taille de l'écran qui détermine la distance optimale à laquelle disposer fauteuils et canapés. La règle veut que l'on compte trois fois la diagonale de l'écran pour obtenir l'éloignement idéal. Exemple : un téléviseur de 75 cm de diagonale exige de placer les fauteuils à environ 2,20 m de distance ;
- **Ne vous fiez pas au hasard pour positionner la télévision en hauteur :** les meubles TV de jadis plaçaient les téléviseurs assez haut tandis que les meubles modernes les situent à hauteur des yeux lorsque l'on est assis. L'idéal est de ne pas avoir à trop lever la tête pour regarder le film, le feuilleton, l'émission de variété, le docu ou l'émission de téléréalité ;
- **Ne placez pas la télévision en face d'une fenêtre :** les écrans actuels sont de bien meilleure qualité que ceux d'hier et sont même souvent traités antireflets. Il n'est cependant jamais judicieux de placer la télévision face à la lumière du jour et, donc, face à une fenêtre ou une porte-fenêtre : il n'y a rien de mieux pour perdre en qualité de couleur ou devoir se tordre le cou pour éviter les inévitables reflets (même si l'écran est traité antireflets) ;
- **Ne négligez pas le confort :** regarder la télévision peut être une occupation agréable à condition d'être confortablement installé. La qualité des sièges (fauteuils et canapés) joue donc un rôle essentiel. Le choix est vaste : avec ou sans accoudoir, avec ou sans repose-tête, avec ou sans méridienne, assise ferme ou plus douillette, sièges inclinables ou non.

CD, DVD...

Coup de cœur après coup de cœur, tube après hit, on se retrouve vite enseveli sous une montagne de CD et de DVD. Un tri s'impose d'urgence !

Une seule manière de procéder : effectuer deux tas distincts. Le premier avec les CD et DVD à conserver, le second avec ceux à éliminer sans le moindre remords (à offrir à des amis, à revendre en occase ou à jeter). Ne jamais oublier de vérifier l'état (enfin... le bon état) des CD et DVD à conserver.

Les pochettes souples des CD n'offrent qu'une infime protection, franchement médiocre du disque. Mais on trouve dans les commerces spécialisés et sur certains sites Internet des enveloppes de rangement en papier munies d'une fenêtre en plastique transparent (pratique pour identifier le contenu) et même des sachets en feutrine qui assurent une meilleure protection contre la poussière, les risques de rayures ou les traces de doigts.

Au niveau du rangement, la bonne nouvelle, c'est que, contrairement aux livres, les CD et DVD présentent tous les mêmes formats. Ils peuvent donc être rangés sur une étagère sans nuire au confort visuel. D'autres possibilités de rangement existent, à choisir en fonction des goûts personnels, du style du salon et du nombre de CD et DVD à classer : les classeurs, les colonnes de rangement aux dimensions étudiées, les coffres à DVD (certains peuvent accueillir jusqu'à 2 000 DVD).

Reste à trouver une bonne méthode de rangement, histoire de ne pas devoir tout retourner chaque fois qu'il faut dénicher un CD ou un DVD précis. Le plus simple est de les classer par genre :

- Variété française, variété anglaise, jazz, country, blues, classique... pour les CD ;
- Grands classiques français, grands classiques étrangers, comédies, drames, séries, thrillers, policiers, science-fiction, documentaires... pour les DVD.

D'autres possibilités de classements sont également possibles : par interprète, par titre, par mots-clés... À chacun de choisir le mode de classement qui lui convient le mieux.

Au fil des (bonnes) pages

Contrairement à ce qui a été annoncé avec fracas au moment de leur apparition sur le marché, les tablettes de lecture n'ont absolument pas détrôné le « bon vieux livre papier ». Loin de là. Très vite, ces tablettes qualifiées de « révolutionnaires » et d'« indispensables » ont montré leurs étroites limites. Notamment le très relatif plaisir de lecture qu'elles procurent. Mais aussi leur impact négatif sur l'endormissement et la qualité du sommeil. Bref, le livre traditionnel connaît toujours un beau succès et a encore de merveilleux jours devant lui. On ne peut que s'en réjouir.

Le processus de rangement pour les livres est le même que pour les CD et DVD : un tri sévère doit être réalisé avant de songer à ranger correctement les livres conservés. La méthode des deux piles – les livres qui ne valent pas la peine d'être gardés (jetés, donnés ou vendus d'occasion) et ceux qui doivent être rangés – reste valable. Ce tri effectué, vient le moment du classement et du rangement.

Voici quelques pistes intéressantes, histoire de réaliser un rangement fonctionnel, esthétique et durable :

» Il est toujours préférable de regrouper tous les livres au même endroit, quel que soit leur nombre. Cette stratégie permet d'éviter la sensation d'accumulation ;

» Les livres sont beaucoup moins uniformes que les CD et DVD : ils ont des tailles, des épaisseurs, des couvertures... bien différentes les unes des autres. C'est pourquoi, certains spécialistes de la déco suggèrent de les ranger et de les conserver dans des armoires fermées, leur disparité (qui reste cependant une vraie richesse) pouvant avoir un aspect choquant à l'œil. D'autres gourous de la décoration proposent plutôt une solution intermédiaire entre le rangement fermé et complètement ouvert : des rangements fermés et vitrés ;

- Les livres les plus précieux, ceux que l'on appelle parfois les « beaux livres », ainsi que les éditions rares, doivent bénéficier d'un rangement fermé qui les protégera bien plus que n'importe quel rangement ouvert ;
- Les personnes qui lisent peu et qui ne possèdent donc qu'un nombre très limité de livres peuvent imaginer une déco qui associe bouquins (dans la partie haute d'un meuble ou d'une étagère) et photos ou bibelots en partie basse ;
- Si les livres font partie intégrante de la décoration de la pièce, ils gagnent à être rangés par tailles ou par couleurs dans les rayonnages ;
- Les véritables amoureux des livres opteront plutôt pour un classement 100 % rationnel. Les livres sont alors disposés les uns à côté des autres et servent autant de déco que de bagage culturel. Rangés de manière à ce que les titres imprimés sur les tranches des ouvrages soient visibles et lisibles, ils peuvent être classés par auteur, par ordre alphabétique, par genre, par série, par date de parution, ou encore par période littéraire.

Tous les amoureux des livres s'accordent cependant à reconnaître qu'aucun système de classement n'est satisfaisant à 100 %. Il y a toujours un jour où arrive dans la bibliothèque un ouvrage qui échappe à tout classement : c'est un ouvrage collectif (qui ne correspond à aucun classement par auteur), il est hors collection ou hors format. C'est l'exemple type du livre que personne ne sait jamais comment ranger. Est-ce pour autant une catastrophe ? Pas du tout ! Cela contribue aussi à faire en sorte qu'aucune bibliothèque ne ressemble à une autre.

Et les magazines ?

À moins d'être vraiment accro à un titre précis ou à une thématique spécifique, aucun magazine ne mérite vraiment d'être conservé. Ils sont tellement vite dépassés que leur éventuel intérêt est très, très temporaire. Et fugace. Mais ils ont quand même parfois tendance à s'accumuler et à s'entasser sur la table basse, par terre, sur les fauteuils... et dans tous les coins possibles et imaginables. Pour rien, en fin de compte. À moins de vouloir faire ressembler son salon à la salle d'attente d'un dentiste ou d'un médecin.

- **C'est le moment de faire le vide !** Si, une fois lus, les magazines s'empilent en tous sens sans que plus personne n'y jette le moindre coup d'œil, il n'y a aucune hésitation à avoir : c'est le moment de s'en débarrasser une bonne fois pour toutes. Inutile de s'encombrer avec ces amas de papier qui n'intéressent plus personne.
- **C'est le moment de faire un tri sélectif !** Certains magazines ne présentent plus le moindre intérêt (c'est notamment le cas des magazines d'information dont on peut dire qu'ils sont « aussitôt imprimés, aussitôt dépassés » à cause d'une actu qui ne cesse de bouger), mais d'autres méritent d'être conservés. Comme dans bien d'autres cas, un tri rigoureux s'impose alors de lui-même de manière à ne conserver que les magazines les plus pertinents et à éliminer sans remords tous les autres. Les magazines ainsi conservés pourront trouver place sur une étagère de la bibliothèque, à côté des livres.
- **C'est le moment de tout garder !** Passionnées par l'une ou l'autre thématique, certaines personnes veulent absolument conserver tous les numéros de leur magazine préféré. Même s'ils n'y jettent qu'un coup d'œil de temps en temps. Dans ce cas, afin que cet entassement de magazines ne soit pas envahissant et inesthétique, il faut soigner la présentation. Celle-ci peut privilégier un classement par titre, les magazines étant disposés à l'horizontale ou à la verticale. Ils trouvent alors place dans la bibliothèque sans vraiment nuire au confort visuel. Plus original : privilégier une disposition au sol, à condition que la hauteur ne mette pas la stabilité de la pile de revues en danger. Dans cette configuration, ils peuvent même devenir un très original tabouret, voire une sympathique table basse sur laquelle poser une lampe ou une plante (attention, encore une fois, à la stabilité).

Pour ne plus se laisser déborder par tous les magazines que chaque membre de la famille achète, le mieux est de s'en défaire au fur et à mesure des lectures, quitte à découper les articles qui méritent d'être conservés, et seulement eux. Ils peuvent par la suite être archivés dans un grand classeur subdivisé par thématique : déco, voyages, cuisine, psycho...

Quand le bureau se retrouve au (petit) coin...

D'entrée de jeu, il faut être très clair : le salon n'est pas une pièce propice à l'installation d'un « vrai » bureau, un bureau conçu et aménagé pour exercer une véritable activité professionnelle. En effet, comment travailler de manière efficace et sérieuse lorsque les dossiers, l'ordinateur, le téléphone et l'agenda se retrouvent coincés entre la télévision qui attire immanquablement l'attention et les gosses qui confondent (souvent bruyamment, d'ailleurs...) salon et salle de jeux ? Impossible d'être consciencieux et compétent dans ces (mauvaises) conditions.

En revanche, il est tout à fait possible d'aménager dans un coin du salon un espace – dénommé « bureau », certes – consacré à tout l'administratif de la famille.

Se poser les bonnes questions

Avant d'installer cette zone bureau dans le salon, plusieurs questions doivent être posées :

- À quelles activités cet espace sera-t-il dédié : administration familiale, loisirs... ?
- Quel sera son principal utilisateur ? L'un des membres de la famille en sera-t-il le principal bénéficiaire ou ce bureau servira-t-il, d'une manière ou d'une autre, à toute la famille ?
- Faut-il prévoir un seul poste de travail ou, au contraire, plusieurs (et donc plusieurs ordinateurs, plusieurs sièges...) ?
- Quels sont les besoins réels en termes d'espaces de classement et de rangement, d'ordinateur, de papeterie... ?

» À quel moment cet espace bureau sera-t-il le plus utilisé : en journée, en soirée ? En fonction de cela, quel éclairage prévoir ?

Dans tous les cas, il est impératif de prévoir une zone spécifiquement dédiée au bureau (afin d'éviter une fois de plus la confusion dans les utilisations), avec si possible un bon éclairage naturel, complété par un éclairage artificiel de qualité. Le mobilier doit être confortable et ergonomique. Dans la mesure du possible, son style doit s'harmoniser au plus près avec la déco générale du salon. Afin de conserver cet espace toujours en ordre (si, si !), il faut prévoir assez de rangements. Idéalement, la zone bureau doit être séparée du reste de la pièce par un rideau, des plantes vertes, de belles étagères de rangement, un joli paravent…

Le bureau feng shui en cinq étapes

Ennemi juré du désordre, du chaos et donc du mal-être, le feng shui peut aussi régir avec bonheur l'espace bureau. *A fortiori* s'il est utilisé régulièrement, voire de manière professionnelle. D'une manière globale, le feng shui permet d'harmoniser l'énergie vitale d'un lieu de vie (et/ou de travail) grâce à divers aménagements qui favorisent la santé, la prospérité et le bien-être. Au bureau, que celui-ci soit à l'extérieur ou à la maison, ces techniques permettent de diminuer le stress et les tensions, de booster la créativité, d'améliorer la concentration, de favoriser la productivité et d'éloigner les mauvaises ondes.

Concevoir et aménager un espace bureau 100 % feng shui se fait en cinq étapes.

Étape n° 1 : le rangement

Le principe est simple et évident : si le bureau est encombré, l'esprit l'est aussi ; si c'est un fouillis sur la table de travail, c'est aussi un fouillis dans la tête. Il devient impossible de faire la distinction entre les tâches quotidiennes et l'important, et entre ce dernier et l'urgentissime. Ce fouillis a un impact direct sur le niveau de stress ainsi que sur la productivité et l'efficacité. Comme dans les autres pièces de la maison, le désordre a une influence profonde (et négative !) sur l'émotionnel, sur le mental et sur le physique. En revanche, un bureau bien rangé, bien organisé et propre apporte une formidable énergie vitale qui favorise l'inspiration, la concentration et la créativité. Une manière aussi belle qu'efficace d'avoir un regain d'énergie et les idées claires.

Étape nº 2 : l'orientation

Idéalement, le bureau doit être éloigné de la porte. Le mieux est de pouvoir garder un œil sur les entrées de manière à éviter tout sentiment de vulnérabilité, voire d'angoisse. Il faut aussi éviter que le bureau soit face à un mur pour favoriser une meilleure concentration.

Étape nº 3 : la déco

Le feng shui conseille de s'entourer d'images et d'objets appréciés et inspirants (ce qui est encore plus facile lorsque le bureau est à la maison, intégré à une pièce de vie), de façon à créer un environnement favorable pour atteindre les objectifs fixés.

Étape nº 4 : la couleur

Partant du principe établi que les couleurs émettent ce que l'on appelle parfois des « vibrations sensibles », le choix de la couleur d'un bureau a une influence sur l'humeur et le comportement. Généralement, les couleurs claires sont recommandées pour leur côté apaisant. Mais des couleurs plus vives peuvent aussi avoir des aspects très positifs. Quelques exemples : le jaune encourage l'optimisme, aide à concentrer l'attention et stimule l'intellect ; le vert symbolise la croissance, la vitalité et l'abondance ; le bleu caractérise la sécurité et la fiabilité tout en augmentant la créativité ; le rose chasse les mauvaises pensées ; le violet génère la réflexion et la spiritualité (c'est la couleur de l'intuition, de la méditation et de la création) ; le blanc dynamise l'esprit et la concentration mentale (mais épuise le corps) ; le gris aide à la concentration (mais épuise également le corps) ; le noir encourage l'introspection ; le marron soutient le corps mais ne stimule pas l'esprit.

Étape n° 5 : l'installation de plantes vertes

Le végétal est toujours synonyme de santé. Dans l'espace bureau, les plantes vertes favorisent le bien-être, diminuent le niveau de stress, atténuent la fatigue et les maux de tête. Elles ont aussi un impact positif sur la productivité et l'efficacité car elles permettent d'être plus détendu, concentré et créatif. Les plantes dites « agressives » (à feuilles pointues ou piquantes), les bonsaïs et les cactus sont à éviter. Idéalement, les plantes doivent être positionnées au sud-est et à l'est.

Être bien dans ses papiers

L'une des principales fonctions de l'espace bureau est d'arriver à gérer l'administration quotidienne de toute la famille. Autant dire que le boulot est énorme dans un pays kafkaïen qui a élevé l'administration au rang de système et qui a fait des formulaires en tous genres l'un de ses principaux moteurs.

Factures, diplômes, contrats de travail, contrat de bail, livret de famille, contrats d'assurance, titres de propriété, donations et testaments, documents relatifs aux pensions et aux retraites, contrat de mariage sont les documents – parmi bien d'autres encore – qui trouvent naturellement place dans l'espace bureau.

Certains de ces documents ont une importance particulière et sont à conserver précieusement tout au long de la vie :

- Livret de famille ;
- Contrat de mariage ;
- Jugements de divorce ;
- Documents liés à une adoption ;
- Documents de santé : certificats de vaccination, cartes de Sécurité sociale, dossiers médicaux avec leurs annexes (radiographies, échographies, analyses…) ;
- Diplômes ;
- Livret militaire (et documents annexes) ;
- Contrats d'assurance (et documents annexes) ;

- Titres de propriété ;
- Documents liés à la vie professionnelle : contrats de travail, certificats d'employeurs, relevés de points de retraite, fiches de paie, décomptes des indemnités de chômage... ;
- Documents liés aux pensions (civiles et militaires) ainsi qu'à la retraite ;
- Documents liés aux donations ;
- Testament.

Certains documents méritent d'être photocopiés ou scannés avant d'être précieusement rangés. Notamment le passeport, la carte d'identité et le permis de conduire.

D'autres documents ne doivent être conservés que provisoirement (la durée de conservation variant globalement de six mois à trente ans en fonction de chaque document). Parmi ceux-ci (liste non exhaustive et sous réserve de changement des réglementations), il faut conserver pendant :

- **6 mois :** les notes d'hôtels et de restaurants (avec les justificatifs des règlements) ;
- **1 an :** les factures des transporteurs (avec documents annexes), les factures des déménageurs, les factures de téléphone, les factures d'Internet, la taxe d'habitation, la taxe foncière, les justificatifs du paiement des PV, les certificats de ramonage des cheminées ;
- **2 ans :** les documents de mutuelle et de Sécurité sociale (avec documents annexes), les documents relatifs aux crédits (avec documents annexes), les relevés des Allocations familiales, les avis de recouvrement de la taxe foncière, les avis de recouvrement de la taxe d'habitation, les notes d'honoraires des médecins, les notes d'honoraires des dentistes ;
- **3 ans :** les déclarations de revenus, les avis de redevance audiovisuelle ;
- **4 ans :** les factures d'eau ;

- **5 ans :** les quittances de loyer, les quittances de charges locatives, les justificatifs de paiement des pensions alimentaires, les attestations de paiement des impôts, les factures de gaz, les factures d'électricité, les contrats de location, les états des lieux ;
- **10 ans :** les factures de travaux en gros œuvre, les factures de garagiste, les documents relatifs aux crédits immobiliers, les contrats d'assurance vie (après résiliation ou à compter de la date du décès ou de l'extinction), les décomptes des charges de copropriété, les relevés bancaires, les relevés postaux, les talons de chéquier, les documents relatifs à la donation ou à la succession d'un bien immobilier ;
- **30 ans :** les factures de réparation de voiture, les justificatifs des frais de séjour en hôpital, les factures de travaux ;
- **Tout au long de la propriété :** la facture d'achat du véhicule, la carte grise du véhicule, les factures des objets de valeur (bijoux, œuvres d'art...), les documents relatifs à la propriété d'un bien immobilier.

Le rangement des documents à conserver

Les nombreux ministères et innombrables administrations sont tellement friands de formulaires, justificatifs et autres documents en tous genres que le citoyen lambda est vite submergé sous une masse – aussi énorme qu'anormale – de papier... et de papiers. Plus encore que dans d'autres cas, la méthode, le classement, l'ordre et le rangement s'imposent avec force. Sous peine de ne plus jamais s'y retrouver, il n'est bien entendu pas question de mélanger les factures (par définition toujours trop nombreuses et trop élevées) à payer avec les ordonnances médicales et les quittances de loyer avec les notes de restaurant. Chaque document doit être classé aussi vite que possible (dès sa réception, dès paiement...) et chaque catégorie de document mérite un dossier spécifique.

C'est ainsi que s'aligneront les dossiers « banque », « crédit immobilier », « assurance vie », « voiture », « travaux », « frais médicaux et ordonnances médicales »... Chaque dossier doit être soigneusement étiqueté. À l'intérieur de chaque dossier, les documents doivent être classés par type et/ou par date. Éventuellement, plusieurs chemises peuvent se retrouver au sein d'un même dossier. Par exemple, dans le dossier « voiture », on peut retrouver des chemises tour à tour intitulées « garage », « crédit », « PV », « assurance »...

Ce type de rangement est parfait à partir du moment où l'on veut retrouver facilement et rapidement le bon document au bon moment.

Il est aussi possible de passer au « tout numérique », ce qui peut faciliter le classement des documents et offrir un appréciable gain de place. L'idée est de numériser chaque document imprimé, puis de les classer dans des dossiers dédiés dans l'ordinateur (en évitant que cet ordinateur serve aussi à surfer sur le Net ou à jouer en ligne), sans oublier de réaliser un sommaire détaillé. Le tout est conservé sur le disque dur de l'ordinateur ; une copie complète (et régulièrement mise à jour) étant réalisée sur un disque dur externe, un CD ou une clé USB. Il existe quelques sites Internet qui proposent (gratuitement ou pas) un service externalisé afin de sauvegarder les documents en ligne.

Et les factures ?

On a beau faire semblant de ne pas les voir, elles continuent inexorablement à arriver à une cadence soutenue et à s'entasser dans la corbeille « à payer ». Avec les impôts et autres cotisations obligatoires, les factures sont l'un des pires cauchemars de la vie quotidienne. Elles demandent, en tout cas, à être gérées avec rigueur.

Au fur et à mesure qu'elles tombent dans la boîte aux lettres, les factures doivent être immédiatement classées dans trois dossiers à garder à portée de main : « factures à payer immédiatement », « factures à payer dans les quinze jours » et « factures en attente ». Une fois par semaine (de préférence à jour fixe afin de créer une routine qui facilite la vie), il faut commencer par les paiements les plus urgents, puis penser aux autres en fonction des dates d'échéance et des possibilités financières. Chaque facture payée est alors annotée (date du paiement, mode de paiement...), puis classée dans le dossier *ad hoc*.

Le matériel de bureau

Du crayon au trombone, de l'agrafeuse aux rames de papier : il y a tout un petit matériel de bureau qui prend un malin plaisir à se disséminer dans tous les coins ou à disparaître juste au moment où l'on voudrait bien mettre la main dessus.

- **Les rames de papier**, de même que les carnets et le papier brouillon doivent être rangés bien à plat, dans un tiroir, une armoire ou sur une étagère. Attention : le papier ne supporte pas la moindre humidité !
- **Le petit matériel de bureau** (stylos, crayons, règles, ciseaux, trombones, agrafeuse…) gagne à être rangé dans un tiroir dédié ou dans un récipient (un joli mug peut parfaitement faire l'affaire. Beaucoup plus joli et agréable : un superbe plumier en tissu, en bois ou – top du top – en cuir) à portée de main ;
- **Le matériel informatique** (CD, cartouches d'encre…) mérite un soin particulier. Les CD doivent être rangés dans une boîte *ad hoc* ou un tiroir compartimenté. Les cartouches d'encre doivent être stockées, dans leur emballage d'origine, dans un endroit sec. Les CD de configuration et les manuels d'utilisation de chaque appareil (ordinateur, imprimante, scanner…) sont regroupés et classés dans un dossier dédié dûment étiqueté ;
- **Les câbles** doivent être regroupés de la manière la plus rationnelle possible. Idéalement, ils peuvent être rassemblés et enfermés dans une gaine électrique flexible. À défaut, des serre-câbles et des attache-câbles gainés de plastique font aussi l'affaire.

Et l'ordinateur tu organiseras

L'ordinateur est hyper lent ? Il est difficile de retrouver le dossier ou le fichier recherché ? La boîte de réception des mails déborde ? La faute en incombe moins au matériel qu'à l'utilisateur. Comme l'espace bureau, l'ordinateur mérite que l'on s'en occupe régulièrement. Il doit être bien organisé et régulièrement nettoyé pour fonctionner correctement.

Le courrier électronique se gère (presque) comme du courrier

Fondamentalement, les mails sont un moyen de communication extrêmement pratique : l'envoi de messages électroniques est facile et rapide, leur éventuel archivage est aisé et – par définition – ne prend aucune place dans la maison. Que du bonheur ! À une grosse nuance près. Désormais, les abus sont tels et le nombre de mails en circulation est tellement énorme que ce très pratique mode de communication finit par devenir envahissant, chronophage et – dans le cas des entreprises de toutes tailles – terriblement contre-productif.

MAILS, SMS... : LE GRAND HANDICAP DES ENTREPRISES

Certaines études – dont celle réalisée il y a peu par l'institut EasyPanel pour le site de e-commerce `Crucial.fr` – ont dévoilé que plus de 43 % des salariés consacrent jusqu'à 30 minutes par jour à des tâches qui ne sont pas directement liées à leur travail. Un quart d'entre eux (soit 25,1 %) perd même jusqu'à une heure par jour. L'un des problèmes soulignés se rapporte aux lenteurs informatiques : un matériel défaillant peut ainsi faire perdre jusqu'à 30 minutes par jour. Ce temps équivaut à 109 heures par an, soit plus de deux semaines de travail perdues chaque année. Autre problème mis en exergue : le flot incessant de messages, mails et autres textos reçus chaque jour. Selon l'institut américain Radicati Group, un salarié trie en moyenne 78 messages par jour. À ce rythme-là, impossible de se concentrer plus de 6 minutes d'affilée (ce qui nuit autant à la productivité qu'à la qualité du travail réalisé) et le salarié perd en moyenne 2 heures par jour à gérer sa messagerie électronique. Au final, l'ensemble des dysfonctionnements en entreprise (réunions à rallonge, bugs informatiques, surabondance des messages électroniques sous toutes les formes...) coûte cher au monde entrepreneurial : en France, on évalue le coût annuel par salarié qui perd une demi-heure par jour à 3 891 euros.

Fut-elle familiale et privée, la messagerie électronique ne diffère pas fondamentalement des autres pièces de la maison : elle a régulièrement besoin d'être désencombrée. Ce qui signifie qu'il faut effectuer un tri rigoureux et régulier :

- Vider le dossier des courriers indésirables ;
- Supprimer les messages envoyés ou reçus qui ne sont pas intéressants et/ou qui ne sont plus d'actualité (ils sont généralement majoritaires) ;
- Annuler et se désabonner de toutes les newsletters qui arrivent dans la boîte de réception et qui ne sont jamais lues ;
- Supprimer sans hésitation les publicités inintéressantes (c'est-à-dire quasiment toutes) ;
- Vérifier régulièrement les brouillons et y effectuer un tri sévère.

L'idée est de ne conserver que les informations utiles. Réellement utiles.

Parallèlement, un classement soigneux des mails est aussi impératif. Une bonne méthode consiste à créer des sous-dossiers permettant de classer efficacement le courrier électronique ; seuls les mails non traités sont alors laissés dans la boîte de réception. Au fur et à mesure que chaque mail est traité, il glisse vers le dossier adéquat. La boîte de réception, quant à elle, ne doit contenir que trois sortes de messages :

- Ceux à lire plus tard, qui ne demandent pas de réponse (ou, en tout cas, pas de réponse immédiate) et qui seront ensuite supprimés ;
- Ceux à lire et auxquels il faut répondre dans les meilleurs délais ;
- Ceux à conserver pour information et qui seront supprimés une fois qu'ils n'auront plus d'intérêt ou de pertinence.

Une bonne habitude consiste à ouvrir la boîte mail seulement lorsque l'on est en mesure de lire les nouveaux messages qui s'y affichent et de répondre à ceux qui demandent une réponse rapide. Une erreur courante consiste à lire chaque mail au fur et à mesure de sa réception (sur ordinateur, tablette ou Smartphone), ce qui est une véritable et inutile perte de temps dans la mesure où les messages vraiment urgents sont rarissimes et où il n'est pas toujours facile de réagir immédiatement. L'idéal est donc de planifier un moment de la journée exclusivement consacré à la lecture des nouveaux mails, en évitant toutefois de le faire juste avant d'aller dormir étant donné que les écrans (ordinateurs, tablettes de lecture, Smartphones...) perturbent toujours l'endormissement et nuisent donc à un sommeil réparateur.

Un peu d'organisation dans les fichiers informatiques

Tout le monde rêve d'un système informatique – aussi simple et basique ou aussi sophistiqué soit-il – performant, fiable et pratique. C'est possible, mais cela n'arrive jamais tout seul. Comme dans n'importe quelle pièce de la maison, organisation et ordre restent les indétrônables maîtres mots.

SUS AUX COOKIES !

Ils n'occupent peut-être pas une place folle sur le disque dur, mais c'est toujours trop. D'autant plus que leur utilité réelle pour l'utilisateur est plus que discutable. Une ou deux fois par mois, il est conseillé de s'en débarrasser.

Sous Mozilla Firefox : cliquer sur le menu « Firefox », puis sur « Options ». Dans la fenêtre, sélectionner ensuite « Vie privée » dans « Historique », cliquer sur « Supprimer des onglets spécifiques ».

Sous Internet Explorer : cliquer sur le menu « Outils », puis sur « Options Internet » et « Supprimer les cookies ».

Bien comprise, bien conçue et durable, cette organisation peut être subdivisée en trois grandes étapes.

- **Les sauvegardes :** avant tout tri ou toute suppression de fichier, il est vivement conseillé de sauvegarder tout ce qui est intéressant ou important en utilisant un disque dur externe, une clé USB, voire un cloud pour celles et ceux qui ne craignent pas de voir leurs informations, données... éparpillées à tout-va sans en avoir vraiment la maîtrise totale.

» **Le nettoyage :** pas question, ici, de parler chiffon ou produit d'entretien. On parle plutôt de supprimer sans état d'âme les fichiers devenus inutiles. Dans le même ordre d'idées, il est aussi utile de désinstaller les programmes qui ne sont plus utilisés. La corbeille de l'ordinateur doit, elle aussi, être régulièrement vidée. Il ne faut pas hésiter non plus à activer les programmes permettant le nettoyage du disque dur de la machine. La plupart des ordinateurs sont équipés d'origine d'un tel programme, mais il est aussi possible d'en télécharger – gratuitement ou pas –, en veillant toutefois à ne privilégier que les applications connues et reconnues en lesquelles il est possible d'avoir une raisonnable confiance.

» **La structure des fichiers :** pour réaliser cette étape, le premier pas à franchir est de créer une série de dossiers thématiques. Par exemple : budget et finances, administration, photos et vidéos, vacances, projets... Ces dossiers peuvent être créés dans « Mes documents ». Tous les fichiers non classés peuvent ensuite être répartis dans ces dossiers. Chacun de ces dossiers peut ensuite être divisé en sous-dossiers spécifiques, organisés d'une manière logique et pratique en fonction des besoins de chaque utilisateur.

DÉFRAGMENTER LE DISQUE DUR DE L'ORDINATEUR : QUÈSACO ?

Défragmenter le disque dur de l'ordinateur est une excellente manière d'optimiser l'occupation du disque dur en regroupant les données et les fichiers éparpillés. Plus l'opération est réalisée régulièrement, plus l'ordinateur sera rapide et performant.

» Sur PC, le processus est assez facile : cliquer sur le bouton « Démarrer », puis successivement sur « Tous les programmes », sur « Accessoires », sur « Outils systèmes » et enfin sur « Défragmenteur de disque ». Il est déconseillé (mais pas impossible) de se servir de l'ordinateur pendant cette opération.

» Sur Mac, c'est encore plus simple : la défragmentation est exécutée automatiquement.

Et les photos ?

Tout le monde possède encore des photos en papier ou même des diapositives rangées dans de bonnes vieilles boîtes en carton ou dans des albums. Nombreux sont aussi ceux qui ont pléthore de photos sur des cartes mémoire, sur leur Smartphone, sur l'ordinateur... Bref, qu'elles soient numériques ou digitales, les photos sont partout, de tous les formats, souvent stockées sans le moindre ordre logique. Au fur et à mesure qu'elles s'accumulent, il devient de plus en plus difficile de s'y retrouver facilement, voire – comble du défi ! – de mettre la main sur une photo bien précise. Pour les photos comme pour le reste, une bonne et durable organisation passe avant tout par l'incontournable tiercé gagnant : trier-jeter-classer.

Qu'elles soient sur support papier ou numériques, peu importe : le processus est identique. La première chose à faire est de rassembler toutes les photos, puis de les trier (par année, par mois, par événement, par thématique...) en se débarrassant de celles de mauvaise qualité et des doublons. Il ne faut conserver que les photos de bonne qualité et qui sont vraiment appréciées (pour le souvenir auquel elles se rapportent, pour leur beauté...).

Les photos papier gagnent à être soigneusement rangées dans des boîtes en carton, qui prennent généralement moins de place que les albums (lesquels deviennent de plus en plus difficiles à dénicher dans le commerce). Chaque carton sera ensuite soigneusement étiqueté et éventuellement muni d'un index des photos qui y sont rassemblées.

En ce qui concerne plus spécifiquement les photos numériques, le plus pratique est de les centraliser sur l'ordinateur, en un seul dossier « Photos », en veillant à les organiser de manière simple et logique pour pouvoir les retrouver facilement. Une sauvegarde sur un disque dur externe, sur une clé USB ou sur le cloud est souhaitable.

Il est inutile d'imprimer toutes les photos numériques. Cela va même à l'encontre du principe du numérique. Il vaut mieux être hyper sélectif. N'imprimer que les photos les plus marquantes ou importantes permet de gagner pas mal d'espace tout en évitant un fameux gaspillage de papier. Il est toutefois possible de créer des livres photos thématiques (un événement familial, les vacances...).

Coup de torchon

Pour une efficacité maximale, mais aussi pour un plus grand confort d'utilisation, il ne suffit pas de s'occuper du software de l'ordinateur. Le hardware (c'est-à-dire la partie physique de la machine) doit également être soigné aux petits oignons. Ainsi que tous les périphériques : imprimante, scanner...

C'est d'autant plus important qu'un ordinateur est un véritable aspirateur à air et à poussière. Celle-ci se dépose sur les composants électroniques et dans les ventilateurs de la machine. Du coup, l'ordinateur est bien moins ventilé et risque la surchauffe.

L'idéal est de s'adresser à un spécialiste sérieux et compétent qui sait exactement ce qu'il doit faire et comment (bien) le faire. Celles et ceux qui décident de nettoyer leur ordinateur eux-mêmes éviteront bien sûr tous les produits abrasifs pour privilégier une bombe à air sec. Dans tous les cas, il est prudent d'éviter d'ouvrir le capot de l'ordinateur (cela peut faire perdre la garantie) et de simplement aspirer par les grilles d'aération à l'arrière de la machine.

L'écran : l'écran de l'ordinateur est fragile. Il est conseillé de le nettoyer avec un linge légèrement humidifié d'un petit peu de vinaigre blanc, en appuyant avec une extrême délicatesse.

Et pour nettoyer le clavier, rien ne vaut un bâtonnet de coton. Il ne faut jamais utiliser de produit agressif, qui risquerait d'effacer les lettres des touches, voire de couler entre celles-ci.

Chapitre 6
À table !

DANS CE CHAPITRE :

» **Détente, ordre et harmonie : la salle à manger en version feng shui**

» **Quels meubles de rangement choisir ?**

» **La vaisselle « du dimanche »**

» **Le linge passe à table**

Souvent contiguë au salon, la salle à manger est aussi l'une des pièces les plus importantes de la maison. Elle sert aux repas quotidiens de la famille. Elle reçoit les amis autour d'une « bonne bouffe ». Elle se doit donc de respirer le confort, l'harmonie et la convivialité. En un mot : un véritable bien-être. Elle doit offrir à chaque convive un cadre à la hauteur des petits (ou grands...) plaisirs gourmands qui – en principe, du moins – y sont présentés.

Mouais... voilà pour la théorie ! Dans la pratique, tout n'est pas toujours aussi idyllique. Loin de là, malheureusement. Comment pourrait-il être possible de créer un cadre propice à la dégustation du repas familial lorsque la table du petit déjeuner – miettes de pain, tasses encore à moitié pleines et taches de confiture – traîne jusqu'au moment de dégager « vite fait » un petit espace pour le dîner ? Comment pourrait-il être possible d'apprécier un repas – aussi simple ou aussi sophistiqué soit-il – lorsque les assiettes jetées à la va-vite sur un coin de table côtoient un amas vacillant de vieux courrier et tout le bazar – clés, monnaie, Smartphone, tickets de caisse... – que chacun a négligemment extirpé de ses poches en rentrant à la maison ? Comment pourrait-il être possible de profiter du repas lorsque la télé hurle au bout du salon et que certains membres de la famille restent « scotchés » à leur tablette ou à leur portable, marquant ainsi en outre leur total manque de respect pour les autres personnes attablées ainsi que pour les plats qui ont été cuisinés à leur intention ? C'est tout à fait impossible, bien entendu !

SALLE À MANGER BIEN RANGÉE, PETITS PLATS BIEN MITONNÉS

Une petite expérience – amusante, certes, mais surtout très édifiante – mérite d'être menée. L'idée est de comparer la qualité – gustative et nutritionnelle – des préparations servies dans les maisons où la salle à manger ressemble à un horrible foutoir et celle des mets proposés dans les maisons où, à l'image des autres pièces, la salle à manger respire l'ordre, la propreté et l'harmonie. Les résultats de cette comparaison sont quasiment immuables. À de rarissimes exceptions près (même pas besoin des doigts d'une seule main pour les compter), on mange systématiquement mieux chez les personnes qui veillent à ce que leur salle à manger reste bien organisée et ordonnée. Et l'ambiance des repas y est toujours beaucoup plus agréable.

La conclusion à tirer de cette petite expérience pourrait être la suivante : la salle à manger est toujours à la hauteur des plats qui y sont servis, et *vice versa*. Les désordonnés chroniques privilégient des menus brouillons, nutritionnellement déséquilibrés et gustativement médiocres. Les personnes qui font attention à l'agencement et à l'harmonie de leur salle à manger mettent un point d'honneur à y préparer de bons petits plats mitonnés avec passion et amour. Ils suivent en cela le grand précepte qui affirme avec raison qu'un repas réussi satisfait les papilles, ravit l'esprit et réchauffe le cœur. On en est loin dans les salles à manger qui vivent sous l'emprise du désordre, de la confusion, du bruit incessant et du chaos.

Détente, ordre et harmonie : la salle à manger en version feng shui

Peu importe où il se situe : le coin repas doit toujours être un endroit privilégiant la détente, la convivialité, le partage et le plaisir d'échanger paroles et repas avec ses proches. Qu'il s'agisse de la famille ou des amis. Il faut donc mettre entre parenthèses, voire carrément oublier, la salle à manger traditionnelle et un peu pompeuse, qui ne sert que dans les plus grandes occasions. Avant tout, la salle à manger doit être un lieu de vie au cœur de la maison, idéalement positionnée entre la cuisine et le salon. Sur un plan pratique, elle doit occuper une position centrale dans la maison et être proche de ces deux autres zones essentielles – salon et cuisine – de l'habitation.

Privilégier l'essentiel

Pour respecter les sains principes du feng shui, et donc pour apporter détente, plaisir et bien-être, la salle à manger doit être claire et bien ordonnée. Le mobilier doit se résumer à l'essentiel : une table (en privilégiant une forme ronde ou ovale qui permet d'éviter les coins agressifs d'une table carrée ou rectangulaire. Les formes asymétriques et tronquées n'ont pas droit de cité non plus), des chaises bien confortables et, éventuellement, un buffet sobre. En schématisant quelque peu, on peut dire que cette pièce doit être épurée. Ni trop dépouillée, ni trop chargée !

La position de la table est déterminante pour créer une sensation de bien-être. Il faut éviter de disposer la table avec vue sur la porte principale ou les toilettes. De même, il faut aussi éviter de positionner les chaises entre la fenêtre et la porte. Placer un paravent entre la table et la porte peut être un excellent moyen d'atténuer les effets négatifs d'un tel aménagement.

En ce qui concerne les matériaux, on ne peut que conseiller des matériaux nobles tels que le bois ou le marbre. Le mobilier en chrome ou en verre est à prohiber : ils refroidissent l'atmosphère de la pièce. Les tables en verre doivent, tout particulièrement, être bannies car elles laissent une désagréable impression de flottement. Le verre reste dans ce cas une source de distraction et d'inquiétude pour les convives.

Conseils déco

Les couleurs utilisées pour la décoration sont aussi très importantes. Même si elles se prétendent parfois « trendy », les teintes sombres et ternes (taupe, mauve, gris foncé, ou encore brun) doivent être évitées, contrairement aux couleurs gaies qui participent activement à l'atmosphère plaisante de la pièce tout en contribuant à mettre les convives en appétit. Le blanc, le jaune, le rose et tous les tons ocre sont parfaits pour créer une ambiance stimulante et joyeuse. Ces couleurs contribuent aussi à favoriser la digestion et la cohésion familiale autour de la table.

La déco doit donner la priorité aux plantes naturelles (pas de plantes artificielles !) qui ne présentent pas de feuilles piquantes, pointues et agressives. Les bougies sont aussi une excellente idée à condition que leur éventuel parfum dit « de synthèse » (comprendre : 100 % chimique) n'entre pas en concurrence et ne nuise pas aux délicieux effluves des préparations gourmandes. Enfin, placer un grand miroir à l'endroit où l'on prend habituellement les repas est porteur de chance car les mets présentés sur la table sont symboliquement doublés.

GRANDE SALLE À MANGER POUR PETIT ESPACE

Aménager un coin repas lorsque l'on manque de place peut ressembler à un défi impossible. Pourtant, quelques petites astuces permettent d'y arriver aisément, tout en privilégiant, comme toujours, ordre et harmonie.

L'une de ces astuces consiste à opter pour une table extensible disposant de plusieurs rallonges. Autre possibilité : privilégier deux ou trois tables carrées identiques (1,20 × 1,20 mètre) à juxtaposer en fonction des besoins du moment.

Une autre astuce est de choisir des sièges adéquats. Les bancs à glisser sous la table sont souvent une bonne solution. Tout comme les chaises pliables et/ou empilables qu'il est possible d'accrocher à une patère ou que l'on peut ranger à l'abri des regards (dans un placard de l'entrée, par exemple) quand elles ne sont pas utilisées.

Quels meubles de rangement choisir ?

Si la salle à manger a une superficie importante, si elle est « d'une belle taille » comme l'on dit familièrement, c'est l'occasion de choisir des meubles assez grands (mais pas trop volumineux, encombrants ou démesurés non plus) qui sont à même d'apporter un soutien appréciable au moment de ranger la maison, et cette pièce plus spécifiquement. Ils permettent de ranger la vaisselle, le linge de table, certains éléments de décoration de table, divers accessoires… de manière à ce que tout soit bien rangé, mis à l'abri de la poussière et facile d'accès.

Le buffet

Le buffet et le bahut sont des meubles bas et longs qui présentent des placards de rangement. L'avantage essentiel de ce type de mobilier est de pouvoir accueillir dans de très bonnes conditions pas mal de vaisselle. Mais il permet aussi de poser quelques beaux objets de déco sur son plateau. Buffet ou bahut : ce type de mobilier se positionne ainsi résolument en élément pratique et en élément déco de la salle à manger.

Le vaisselier

Pour disposer d'encore plus d'espace de rangement, il est aussi possible de miser sur un meuble haut comme le vaisselier. Comme son nom l'indique d'ailleurs fort bien, ce meuble sert à ranger la vaisselle de manière pratique et sécurisante. Ce type de mobilier est disponible en de nombreuses versions stylistiques : si certains ressemblent à des armoires, d'autres sont plutôt apparentés à un buffet surmonté d'une partie à étagères. Pour ce second type, il est possible de choisir entre une partie haute fermée par des placards (la vaisselle est alors à l'abri des regards), une partie haute fermée par un espace vitré (la vaisselle est bien rangée, à l'abri de la poussière, mais visible) ou une partie haute ouverte (qui permet d'exposer la plus belle vaisselle devenue élément de déco à part entière). Il faut aussi savoir qu'en principe, un vaisselier fermé apporte un esprit design, tandis qu'un vaisselier ouvert procure un certain charme. Dans tous les cas, le vaisselier doit être adapté à la taille, mais aussi au style et aux couleurs dominantes de la pièce.

La vaisselle « du dimanche »

Dans la plupart des ménages, la vaisselle quotidienne est rangée dans la cuisine alors que la « belle vaisselle », la vaisselle « du dimanche » et des grandes occasions, celle faite « pour recevoir », est plutôt soigneusement stockée dans le buffet de la salle à manger. C'est d'ailleurs sa place logique.

Une autre option consiste à mettre cette belle vaisselle en évidence, et même à l'exposer. Si ce n'est pas toute la vaisselle, du moins quelques-uns de ses éléments les plus marquants : quelques belles assiettes, des verres particulièrement stylisés ou travaillés, un joli plat... En effet, la vaisselle des grandes occasions est parfois si jolie, par ses formes, ses matériaux et/ou ses motifs, qu'elle peut devenir un élément à part entière de la décoration. Des assiettes, verres ou plats peuvent donc trouver place sur un buffet, dans une vitrine. Alors que la vaisselle quotidienne, habituellement beaucoup plus banale, gagne plutôt à être glissée dans des rangements fermés, dans la cuisine (voir chapitre 7).

Reste, maintenant, à savoir comment ranger cette vaisselle des grandes occasions.

- Les verres sont les éléments les plus fragiles d'un service de table. Leurs bords sont les zones les plus délicates. Le mieux est de les ranger tête en haut, en évitant qu'ils se touchent. Un must : recouvrir l'étagère sur laquelle ils sont posés d'un matériau doux afin d'éviter les griffes et autres petits éclats ;
- Les plats en métal ou en argent gagnent à être empilés, en partant fort logiquement du plus grand vers le plus petit. Entre chaque plat, il est conseillé d'intercaler une feuille de papier d'aluminium ménager (le « papier alu ») : cela évite qu'ils ternissent ou qu'ils s'abîment ;
- Les plats en porcelaine et en faïence peuvent être rangés de la même manière. La feuille de papier d'aluminium ménager est remplacée par une feuille de papier cartonné, voire – pourquoi pas ? – par une fine assiette en carton ;

- Les assiettes et assiettes à soupe sont empilées délicatement, en veillant à ce qu'elles ne puissent pas s'entrechoquer (en laissant un espace suffisant entre chaque pile) ;
- Les couverts en argent doivent être « emmaillotés » dans un tissu de flanelle sombre ou dans du papier de soie foncé (cela va les protéger efficacement contre toute oxydation et préserver leur brillance) avant d'être soigneusement rangés dans un tiroir.

Le linge passe à table

Nappes, serviettes, napperons... ne doivent bien entendu pas être rangés à l'autre bout de la maison. L'idée est de les rapprocher le plus possible de la table qu'ils doivent décorer, en les plaçant dans un buffet, une commode ou un placard de la salle à manger.

Les personnes qui disposent d'un grand nombre de parures de table (nappes et serviettes, chemins de table...) les rangeront dans une armoire fermée, à l'abri de la lumière et de la poussière. Chaque parure de table pourra également être glissée dans une housse en tissu qui sera une protection supplémentaire. Cela vaut surtout pour les tissus les plus précieux et les plus délicats, ainsi que pour les parures de table qui possèdent une valeur sentimentale particulière : les unes comme les autres méritent un maximum d'attention.

3 L'âme de la maison

DANS CETTE PARTIE . . .

Il est probable que cette partie intéressera et sensibilisera celles et ceux qui – parfois aussi gourmands que gourmets – découvrent ou redécouvrent les joies et les bienfaits des préparations gourmandes « faites maison ».

La cuisine devient ou redevient le lieu où l'on se réunit pour préparer les menus quotidiens ou les tables de fête, l'endroit où l'on se rassemble pour partager les repas. Ou, plus simplement, pour prendre un apéro « à la cool » en papotant gentiment. Bref, elle redevient ce qu'elle n'aurait jamais dû cesser d'être : la véritable âme de la maison.

Fonctionnelle et bien équipée, la cuisine du XXIe siècle se doit d'être – comme jadis – accueillante, conviviale, chaleureuse. Et jolie aussi, pour que l'on ait encore plus de plaisir à pétrir la pâte, monter la sauce, trancher cette belle pièce de viande, assaisonner les légumes et pâtisser. Mais tout cela serait-il possible dans une cuisine sens dessus dessous ? Impossible, bien évidemment ! Pour l'efficacité et pour le plaisir, la cuisine doit, à l'instar des autres pièces de la maison, être bien organisée et rangée.

Chapitre 7

Agencer la cuisine idéale

DANS CE CHAPITRE :

- **Une cuisine feng shui**
- **Bien l'arranger pour bien la ranger**
- **Une cuisine en pleine(s) forme(s)**
- **Et tout ce matériel de cuisine ?**

La cuisine est une pièce clé de la maison. Sa véritable âme. Un lieu stratégique où se côtoient – et c'est un fait unique au sein de l'habitation – l'eau et le feu.

Pour prendre encore plus de plaisir à concocter de savoureux menus et de délicieux petits plats à s'en pourlécher les babines, pour aussi prendre encore plus de plaisir à y partager apéros relax, petits en-cas sur le pouce ou véritables repas, la cuisine doit être fonctionnelle, bien entendu, mais pas seulement. Elle doit également être correctement agencée et agréable à vivre. Les différentes zones – la zone de cuisson, la zone de stockage, la zone repas, la zone de travail et la zone de nettoyage – doivent être bien positionnées et parfaitement délimitées. Une cuisine dont le plan a été soigneusement étudié, une cuisine bien conçue, permet de gagner tant en plaisir qu'en efficacité. Et permet, aussi, de conserver plus facilement une pièce, un plan de travail et des placards bien ordonnés.

Une cuisine feng shui

Le feng shui associe étroitement la cuisine à la nourriture. Et donc à la (bonne) fortune, à la famille et à la (bonne) santé. C'est pour cela qu'elle est à juste titre considérée comme l'une des pièces les plus importantes de l'habitation.

Eau vs feu : deux énergies en conflit au cœur de la cuisine

Cela étant dit, pour le feng shui, la cuisine est une pièce relativement difficile. Ou, à tout le moins, très délicate. Car deux énergies que tout oppose s'y côtoient : l'eau et le feu. Deux énergies entre lesquelles règne un conflit éternel. Perpétuel. Elles sont réparties en deux zones qui comprennent respectivement l'évier et le lave-vaisselle d'une part ; le four, les plaques de cuisson et le four à micro-ondes d'autre part.

Le feng shui recommande de bien les séparer afin qu'elles n'entrent jamais en contact – et donc en conflit ouvert. Car la féroce bataille « eau contre feu » risque alors de faire des ravages. De même, le feng shui recommande de ne jamais installer four et plaques de cuisson au milieu de la pièce : en cas de problème, il serait alors extrêmement difficile de maîtriser le feu qui répandrait son énergie dévastatrice à travers toute la pièce sans la moindre chance de le contrer.

La zone « eau », quant à elle, doit être positionnée près d'une source de lumière naturelle : l'évier gagne ainsi à être placé sous une fenêtre ouverte sur une vue agréable.

Une place pour chaque chose

Comme dans les autres pièces de la maison, la bonne circulation du *chi* est entravée par le chaos. Par le désordre, qui est l'ennemi juré du feng shui. C'est (aussi) pour cette raison que ses adeptes veillent à toujours conserver une cuisine propre et bien ordonnée. Pas de vaisselle sale qui traîne sur une paillasse à côté de l'évier. Pas d'ustensile cassé ou inutile qui encombre le plan de travail. Pas de désordre non plus dans les placards. Une place pour chaque chose et chaque chose à sa place est un excellent précepte à garder en mémoire et à appliquer à la lettre.

Le feng shui insiste aussi sur le sentiment de sécurité que doit éprouver la personne qui œuvre en cuisine. Pour accroître ce sentiment, le plan de travail doit être positionné et orienté de manière à ne pas tourner le dos à la porte : le cuisinier doit pouvoir embrasser la pièce d'un seul coup d'œil.

L'harmonie des matières et des couleurs

Au niveau des matériaux, tout est permis, ou presque. Ce qui est une bonne nouvelle. L'essentiel est que l'ensemble s'équilibre le plus parfaitement possible. Il faut donc éviter de placer trop d'éléments d'une même matière (par exemple, il faut éviter d'associer le mobilier en bois et le parquet). Dans la cuisine, un joli sol en pierre est fort bien adapté. C'est même un must. Le carrelage est aussi une bonne option car, même s'il peut être assez froid sous les pieds, il laisse bien circuler le *chi*.

Enfin, d'une manière générale, la cuisine feng shui se doit d'être claire, lumineuse, riante, chaleureuse et bien éclairée. Les couleurs des murs et des armoires, ainsi que celles de la vaisselle, sont très importantes. Les couleurs pastel ont toujours un effet délicieusement apaisant. Les teintes claires telles que le jaune et les tons de brun foncé chargent la nourriture d'une énergie vivifiante et conviviale. Les couleurs vives ont plutôt tendance à stimuler l'esprit. Quant au blanc cassé, il est également recommandé car il symbolise la clarté et la pureté.

Bien l'arranger pour bien la ranger

Une cuisine bien arrangée (comprendre : bien agencée) permet non seulement de gagner en efficacité, d'éprouver encore plus de plaisir aux fourneaux, mais aussi d'éviter le désordre inhérent à une cuisine mal pensée, mal conçue.

L'agencement d'une cuisine se détermine en fonction de sa surface, mais aussi en fonction de la disposition de la pièce. Quelle que soit sa taille, cependant, il est toujours vivement conseillé d'accorder une zone déterminée aux différentes fonctions principales de la pièce :

- La zone de travail et de préparation des aliments, qui comprend essentiellement le plan de travail ainsi que les ustensiles et accessoires nécessaires (les doseurs, les récipients…) ;

- La zone de cuisson, qui intègre les plaques de cuisson, le four, la hotte aspirante et le four à micro-ondes ;
- La zone de nettoyage, qui inclut l'évier, le lave-vaisselle, les rangements destinés aux produits d'entretien et la poubelle ;
- La zone de conservation des aliments, qui comprend le réfrigérateur, le congélateur, les placards destinés aux provisions ;
- La zone dite « de service » qui accueille la vaisselle, le linge de table, les divers éléments de décoration.

Le triangle d'activités

Les meilleurs cuisinistes estiment que, pour limiter au maximum les déplacements (et ainsi éviter les va-et-vient inutiles et les risques de désordre chronique), les éléments majeurs de la cuisine (l'évier, la cuisinière et le réfrigérateur) doivent orner un triangle de petite dimension. Une grande partie des déplacements effectués dans la cuisine se déroule de l'un à l'autre de ces points. Pour faciliter les déplacements, il est important que la distance entre ces diverses zones soit autant que possible égale. Dans les angles, il est recommandé de ne pas placer l'évier ni les plaques de cuisson. D'une manière générale, la cuisine d'angle est tout sauf pratique. Les meubles d'angle sont souvent inconfortables à l'usage : ils sont difficiles d'accès et n'apportent finalement pas un réel gain de place.

Du propre au sale

De retour de la salle à manger, les assiettes et les plats sales sont déposés sur le plan de travail. Avant d'être placés dans le lave-vaisselle, ils passent par la poubelle et éventuellement l'évier : ces trois éléments (poubelle, évier et lave-vaisselle) doivent donc être à proximité les uns des autres, avec une circulation simple et facile. Les placards, les armoires et les tiroirs qui permettent de ranger la vaisselle propre doivent également se trouver à proximité du lave-vaisselle pour qu'en un seul mouvement, il soit possible de vider l'un et remplir les autres.

DES HAUTEURS À RESPECTER

Les hauteurs du plan de travail et celles des éléments électroménagers dépendent avant tout de la taille de l'utilisateur principal (ou de l'utilisatrice principale) des lieux. Selon les normes standards, le plan de travail doit se trouver à hauteur de ceinture (généralement entre 85 et 95 cm) histoire, par exemple, d'atteindre le fond de l'évier sans se devoir se hisser inconfortablement sur la pointe des pieds. Idéalement, le four se place de préférence à hauteur des yeux. Une tablette de bar doit se trouver à hauteur de coude (habituellement entre 110 et 115 cm). La hotte doit se trouver à environ 60 cm des plaques afin de ne pas s'y cogner la tête chaque fois que l'on se penche au-dessus des fourneaux. Dans les placards de rangement les plus hauts, la dernière étagère accessible doit se situer à 2 m (maximum 2,20 m) environ.

Faire toute la lumière

Même si l'évier est souvent placé devant la fenêtre, l'éclairage naturel ne suffit pas. La disposition et l'équipement d'autres sources de lumière sont à étudier avec beaucoup de soin. Quelques questions méritent d'être posées. Faut-il un éclairage général ? Un plafonnier peut-il faire l'affaire ? Des éclairages puissants pointés sur les différentes zones du plan de travail et des spots directionnels disposés sous les meubles hauts sont souvent de bonnes solutions. Un éclairage d'ambiance, surtout si la cuisine est ouverte sur la salle à manger, n'est jamais à négliger.

Voilà pour la théorie. En pratique, beaucoup de choses dépendent de la configuration générale des lieux et de la forme de la pièce.

Une cuisine en pleine(s) forme(s)

Cuisine ouverte, cuisine en L, cuisine en couloir… : chaque forme de cuisine présente ses propres avantages dont il est possible de tirer profit afin d'accroître son plaisir de cuisiner et de conserver une pièce bien en ordre.

La cuisine en L

Un maximum de rangements sur un minimum de place : voilà comment on peut résumer les principaux attraits de la cuisine en L qui, si elle est bien conçue, peut être 100 % fonctionnelle et conviviale. Ouverte ou fermée, elle peut – en fonction des configurations – alterner les meubles bas, les meubles colonnes et les meubles hauts, ou simplement faire la part belle aux meubles bas. Posée au cœur d'une pièce à vivre comme une cuisine îlot, ouverte sur le salon ou ouverte sur la salle à manger, la cuisine en L peut se placer face à la pièce à vivre pour faire office de comptoir et s'offrir un petit coin repas dédié à l'apéritif et au petit déjeuner avec une table haute qui vient s'ajouter.

La cuisine en I

La cuisine en I, ou cuisine en longueur, présente cet avantage de pouvoir être positionnée tout simplement le long d'un mur ou au cœur d'une grande pièce à vivre (mais il faut que celle-ci soit vraiment spacieuse). En version ouverte ou fermée, elle se compose généralement de la même manière que la cuisine en L. Son principal inconvénient réside dans le fait qu'aucun élément n'est à proximité. Qu'il faut aller de gauche à droite pour accéder à la plaque de cuisson, au four, au réfrigérateur, au plan de travail… Le petit plus, c'est son côté gain de place qui n'envahit pas l'espace car tout est concentré sur un même côté.

Dans sa version fermée, elle peut présenter l'inconvénient de disposer de peu de lumière. Il est donc préférable d'opter pour des meubles de cuisine clairs (une cuisine en bois clair ou une cuisine blanche sont idéales dans ce cas, dans l'idée de ne pas surcharger la déco). Autre inconvénient possible : elle peut être relativement étroite. Afin de pouvoir stocker les choses en grandes quantités (provisions, matériel de cuisine…) et donc limiter fortement les risques de désordre, il est préférable d'éviter l'accumulation de meubles et d'appareils électroménagers. Des choix minimalistes s'imposent ici d'eux-mêmes. Des tiroirs coulissants assez larges sont préférables aux placards pour optimiser les indispensables rangements.

La cuisine en U

Esthétique, la cuisine en U s'adapte parfaitement aux versions ouvertes et fermées. Son tout premier atout est d'ailleurs d'être hyper fonctionnelle et de pouvoir offrir une multitude de rangements très pratiques. Quand on se trouve au cœur de ce type de cuisine, on a accès à tout avec facilité et rapidité. On l'aime aussi pour son esprit intemporel qui privilégie le côté pratique au côté tendance. Adaptée aux petits comme aux grands espaces, la cuisine en U présente cet extraordinaire avantage d'être truffée de rangements astucieux et de bien savoir optimiser ses angles.

En version ouverte, la cuisine en U doit s'adapter à la décoration du salon ou de la salle à manger pour instaurer une harmonie dans l'espace. En version fermée, l'idée principale est d'éviter la surcharge. Pour cela, deux solutions existent. Soit opter pour des meubles hauts et des meubles bas qui permettent de disposer d'énormément de rangements (et donc d'éviter le fouillis sur le plan de travail), en privilégiant les meubles clairs pour ne pas assombrir l'espace. Soit opter exclusivement pour des meubles bas, en conservant alors plus de choix dans les matières et les couleurs. Cette seconde solution offre aussi la possibilité de profiter des murs libres de tout meuble haut pour réaliser une déco créative et personnalisée qui donne à la cuisine des allures de véritable pièce à vivre.

La cuisine îlot

Ouverte, décorative, aérée et fonctionnelle : la cuisine îlot a (presque) tout pour plaire ! Elle s'impose généralement quand on dispose d'un intérieur spacieux. Placée sous le signe de la convivialité, elle suggère cette atmosphère douce et chaleureuse qui incite à s'y retrouver en famille ou entre amis. On l'aime aussi pour sa fonctionnalité, puisqu'elle est truffée de rangements pour dissimuler l'électroménager et autres ustensiles imposants dans l'idée de devenir une cuisine design pleine de style, à fort pouvoir décoratif. Aménagée autour d'un bloc central, elle prend des airs de véritable pièce à vivre dédiée à cuisiner, à prendre le petit déjeuner ou encore à recevoir autour d'un apéritif. Spacieuse et multifonctions, cette pièce moderne permet de composer avec plusieurs styles pour s'harmoniser avec le reste de la décoration intérieure.

Et tout ce matériel de cuisine ?

Casseroles, couverts, petit électroménager, poêles, plaques à four, cocottes, verres, plats et saladiers, assiettes, bols, torchons… : la cuisine est peut-être l'une des pièces où s'entassent le plus de choses. Et où le risque de désordre est le plus grand. Alors autant prendre les choses l'une après l'autre pour que chacune retrouve sa juste place et que la pièce reste agréable à vivre.

Casseroles, poêles et cocottes

En dehors des petits appareils électroménagers, les casseroles, les poêles et les cocottes font partie des ustensiles qui prennent le plus de place dans une cuisine. Très encombrantes, donc, elles doivent trouver place à proximité de la cuisinière, idéalement dans un grand tiroir profond et coulissant prévu à cet effet par le cuisiniste.

Si la cuisine est vraiment de petite taille et si les espaces de rangement y font défaut, autant jouer la carte de l'imagination. C'est alors le moment d'optimiser et de maximiser l'espace sur les étagères. Ou de prévoir une crémaillère où suspendre poêles et casseroles (à condition de ne pas en posséder un grand nombre). Ce type de rangement, forcément limité, incite à faire un sérieux tri : voilà une excellente occasion de se débarrasser des poêles, casseroles et autres cocottes abîmées, en surnombre, dont le fond est brûlé, dont le revêtement intérieur est endommagé… Ou de ces magnifiques poêles et casseroles dont personne ne se sert jamais. Pourquoi ne pas les offrir à quelqu'un qui a plus la passion de la cuisine ?

Toujours dans l'esprit « gain de place », certaines marques proposent des gammes adaptées aux petits espaces de rangement, munies de poignées pivotantes.

Poêles, cocottes et casseroles seront coiffées de leur couvercle respectif. Cependant, si les casseroles sont empilées dans l'armoire, les couvercles peuvent être réunis dans un support (généralement un support grillagé en inox ou recouvert d'une pellicule de plastique) prévu à cet usage.

Moules, plaques et grilles

Les plaques à four, les grilles et l'ensemble des moules doivent se trouver à proximité immédiate du four où ils sont utilisés en priorité. Certains fours disposent de tiroirs de rangement prévus à cet effet. À défaut, un tiroir ou une étagère dans l'armoire la plus proche feront l'affaire.

Vaisselle

La vaisselle la moins utilisée peut être rangée dans les armoires de coin. S'il n'y a pas la place nécessaire, elle peut aussi être stockée dans des caisses de rangement en plastique qui, elles-mêmes, seront ensuite entreposées dans le garage, dans la buanderie... En revanche, la vaisselle utilisée plus couramment (ainsi que les verres correspondants) doit se trouver à portée de main, y compris à la portée des enfants (attention, donc, à la hauteur de ces rangements). Les saladiers, assiettes, assiettes creuses, bols, bols à soupe... peuvent être empilés séparément, en fonction de leur taille, du plus grand au plus petit. Des étagères font parfaitement l'affaire mais, si la place vient à manquer, cette vaisselle « de tous les jours » peut être rangée sous les meubles des supports de comptoir.

L'idée générale est que ce qui est utilisé quotidiennement par les membres de la famille doit être facile d'accès.

Petit électroménager

Grille-pain, machine à pain, blender, trancheuse, robot ménager... : si on a un tant soit peu la passion de la cuisine, le petit électroménager n'a de cesse de s'accumuler et prend de plus en plus de place.

La tentation est grande de le laisser traîner sur le plan de travail, même quand on ne s'en sert pas régulièrement. Erreur !

Une crédence peu profonde est parfaite pour accueillir tous ces petits appareils (sans oublier de conserver les modes d'emploi et les garanties dans un dossier spécifique, dans le bureau). Si la place manque et que les crédences débordent, les appareils les moins souvent utilisés peuvent trouver place dans le haut d'une armoire.

Tout le petit matériel de cuisine

Ouvre-boîte et ouvre-bouteille, décapsuleur, épluche-légumes, mixeur plongeant, ciseaux, panoplie de couteaux de cuisine, pince à volaille... la cuisine regorge (et déborde) de tout un petit matériel indispensable mais parfois difficile à caser. Le mieux est de regrouper tout ça dans un tiroir facilement accessible, proche de la plaque de cuisson, du plan de travail ou du four. Les couverts de table sont rangés à proximité immédiate, dans un tiroir compartimenté (couteaux ensemble, fourchettes ensemble, cuillères ensemble...).

Un tiroir fourre-tout est aussi intéressant. On y glisse des élastiques, une lampe de poche, une rallonge électrique, du papier collant... et tout ce qui n'entre pas logiquement dans les autres rangements. Les torchons de cuisine pourront être suspendus, grâce à des petits crochets, dans une armoire sous évier (attention à ce qu'ils ne soient pas trop humides au moment de les suspendre). Les torchons troués, trop usés ou trop sales seront bien entendu jetés sans le moindre remords.

Enfin, le matériel de nettoyage – éponges, liquide vaisselle, produits pour le lave-vaisselle, gants en caoutchouc, petit seau de 5 litres, ou encore produit pour nettoyer les plaques vitrocéramiques – trouvera aussi place dans un tiroir ou dans une armoire basse fourre-tout. Il n'est bien sûr pas question de mélanger ces produits d'entretien, toujours hautement toxiques (à l'exception des sains et efficaces produits d'entretien « maison ») à des ustensiles de cuisine ou à des victuailles.

Une seule précaution, mais de taille : tous les produits d'entretien ménager et de nettoyage sont hautement toxiques. Les flacons, bidons et autres contenants doivent toujours être soigneusement et hermétiquement fermés. Ils doivent aussi rester hors de portée des enfants.

Chapitre 8

Faire la course pour faire les courses

DANS CE CHAPITRE :

- **Dix astuces clés pour des courses agréables et efficaces**
- **Les courses : les faire puis (bien !) les ranger**
- **Tout savoir sur la chaîne du froid**

Ou plutôt... Ne plus faire la course pour faire ses courses ! Car avant de ranger soigneusement les provisions dans les armoires et les placards de la cuisine (pas question de laisser traîner les sacs de victuailles sur le plan de travail ou de déposer les cabas dans un coin de la cuisine, bien sûr !), encore faut-il s'approvisionner sur les marchés, auprès des petits commerces de proximité qui privilégient le contact humain, voire dans les grandes surfaces qui, en fin de compte, se ressemblent malheureusement toutes.

Dans le seul et unique but de pousser certains modes de fonctionnement (courses *via* Internet, drive, livraisons des courses à domicile...) qui visent avant tout à compresser les frais de personnel et réduire les coûts d'exploitation des super- et hypermarchés (qui ne diminuent pas pour autant le prix de vente des marchandises, d'ailleurs !), on tente de nous faire croire que les courses sont une horrible corvée. Qu'elles sont chronophages. Qu'elles ne sont qu'une perte de temps alors qu'on n'en a déjà pas trop. Il ne s'agit bien entendu que d'une vile machination qui, à force d'être matraquée, finit tout de même par convaincre une certaine frange de consommateurs.

Dix astuces clés pour des courses agréables et efficaces

Voici dix astuces – mot d'ordre : organisation ! – pour réaliser avec beaucoup de plaisir des courses vraiment efficaces. De quoi joindre l'utile à l'agréable !

1. **Prévoir les menus de la semaine :** c'est la meilleure manière de s'assurer que la liste est complète et qu'il y a assez de provisions pour les repas (du petit déjeuner au dîner) de la semaine. Idéalement, les menus de la semaine doivent être planifiés en famille afin que chacun puisse y trouver son plaisir gourmand.
2. **Faire une liste :** faire les courses sans liste équivaut souvent à jeter son argent par les fenêtres. C'est le meilleur moyen d'acheter un tas d'articles inutiles en passant à côté de l'essentiel. Faire une liste, c'est bien ; la consulter dans les magasins, c'est encore mieux. Il faut donc s'en tenir à cette précieuse liste, sans ajouter des articles qui paraissent intéressants ou tentants sur le moment (le seront-ils encore, une fois de retour à la maison ? Rien n'est moins sûr) et ne rien oublier (la relire complètement avant de passer à la caisse et de quitter le magasin).
3. **À la maison, garder une liste à portée de main :** posée sur un coin de plan de travail ou fixée sur la porte du réfrigérateur, peu importe. L'idée est de toujours avoir une liste en cours à portée de main afin de la compléter au fur et à mesure que les provisions s'épuisent. Chaque membre de la famille peut la compléter en fonction de ses besoins : du yaourt au savon, en passant par de nouvelles paires de chaussettes ou du cirage. Avant de faire les courses, le mieux est de relire cette « pré-liste » afin d'éviter les doublons, puis de la réécrire dans un ordre logique (en fonction des magasins visités et de leurs rayonnages).
4. **Ne pas faire les courses l'estomac vide :** le danger est alors grand d'acheter une foison de mauvaise nourriture industrielle qui, outre son manque de saveur

et ses risques pour la santé, coûte une fortune. Pour éviter ce piège, l'astuce consiste à manger quelque chose (un vrai repas ou au moins une petite collation) avant de prendre son cabas.

5. **Se fixer un budget :** l'idée consiste à établir, avant de partir, un budget pour les courses à effectuer… et de s'y tenir. Le fait de payer cash, en argent liquide, est d'une grande aide car cela permet de visualiser (et donc de mieux se rendre compte) les dépenses, ce qui est impossible en faisant exploser la carte bleue (c'est d'ailleurs l'une des principales raisons pour lesquelles les grandes enseignes poussent à payer les achats par carte).

6. **Faire un stock d'ingrédients pour les repas rapides :** il n'est pas toujours facile de passer beaucoup de temps en cuisine pour préparer les repas quotidiens de la famille. Certaines journées sont plus remplies ou plus bousculées que d'autres. C'est pour cela qu'il est intéressant de toujours avoir en réserve quelques ingrédients de base pour les repas rapides. Le spaghetti reste la grande référence en la matière. Cela permet aussi d'éviter d'acheter à prix d'or des préparations industrielles « prêtes à mâcher » aussi peu intéressantes sur le plan gustatif qu'au niveau nutritionnel.

7. **Faire les courses au calme :** cohue aidant, faire les courses pendant le week-end ou après 17 heures peut vite devenir un horrible parcours du combattant. Dans la mesure du possible, il faut éviter les heures « de pointe » et privilégier les heures creuses (pendant les heures de bureau, par exemple) afin de pouvoir faire les courses au calme, sans stress.

8. **Des courses « enfants non admis » :** dans le même ordre d'idées, il est aussi plus efficace (et beaucoup plus agréable) de faire les courses pendant que les enfants sont à l'école ou qu'ils jouent chez des copains. Trop souvent, les enfants commencent à geindre, trépigner et tempêter parce que les allées des magasins leur semblent interminables. Ou ils commencent un horripilant travail de harcèlement en passant devant le rayon jouets ou devant les rayonnages de malbouffe,

certes fort colorée et aux packagings soigneusement étudiés, mais très chère et dangereuse pour leur santé. Autant éviter énervement, cris et disputes en faisant les courses quand les enfants sont occupés ailleurs.

9. **Lire les étiquettes :** on ne se méfiera jamais assez des agissements pour le moins indélicats des industriels de l'agroalimentaire. Additifs douteux, produits chimiques toxiques, colorants suspects, huiles hydrogénées, graisses saturées… sont idéals pour faire exploser les taux de cholestérol, les chiffres de la balance et le taux de glycémie et un véritable danger pour la santé à court, moyen et long termes : obésité et maladies cardio-vasculaires, entre autres. S'informer sur les composants et additifs dangereux, puis lire les étiquettes afin de les éviter dans la mesure du possible permet de conserver le bien le plus précieux : la santé.

10. **Penser au bio :** une idée reçue veut que les produits alimentaires bio soient beaucoup plus chers que les produits pleins de pesticides nocifs, cires toxiques, engrais chimiques… issus des agricultures conventionnelle et raisonnée. À l'achat, c'est à la fois vrai et faux. C'est vrai si le bio est acheté en grandes surfaces (celles-ci ont flairé le filon juteux et forcent scandaleusement les prix), mais cela l'est nettement moins lorsque les produits alimentaires bio sont achetés en coopérative, en circuit court et/ou en vrac. En outre, le bio se révèle à l'utilisation moins cher que les produits issus des agricultures conventionnelle et raisonnée. La qualité intrinsèque du bio permet d'éviter beaucoup de déchets et de gaspillages lors de la préparation des recettes. Et comme la conservation des produits bio est nettement supérieure à celle des produits conventionnels, il y a peu de risques de devoir jeter des fruits ou légumes en train de moisir dans le bac à légumes du réfrigérateur. Enfin, à table, le bio montre une fois de plus sa supériorité : comme il est beaucoup plus riche en nutriments et en saveurs que les produits conventionnels, il faut en manger moins pour arriver au même sentiment de satiété. Ce qui est aussi bon pour la ligne (lors du redoutable passage sur la balance) que pour le portefeuille.

Une fois de retour des magasins, les courses doivent immédiatement être rangées, en commençant par celles qui doivent trouver place dans le congélateur et le réfrigérateur afin de ne pas rompre la chaîne du froid (pour la durée des courses, un sac isotherme est indispensable).

Les courses : les faire et puis (bien !) les ranger

Ce n'est pas tout de faire (agréablement) les courses. Une fois de retour à la maison, encore faut-il les ranger. Enfin... bien les ranger ! Le mot d'ordre est toujours le même : une place pour chaque chose, chaque chose à sa place et sus au fouillis. Dans le détail...

LA CHAÎNE DU FROID

Le réfrigérateur et le congélateur sont devenus deux appareils électroménagers indispensables dans nos cuisines. Judicieusement choisis en fonction des besoins réels de la famille et correctement utilisés, ils permettent de stocker, conserver et garder au frais une multitude d'ingrédients, de condiments et d'aliments : depuis les viandes et poissons jusqu'à certains fruits et légumes, en passant par les laitages, les sauces... et bien d'autres choses encore.

L'astuce... et même la double astuce : bien les utiliser afin d'optimiser la conservation des produits qui y sont stockés et bien les ranger afin d'optimiser l'espace qu'ils offrent.

Coup de froid sur le réfrigérateur

Les chiffres sont assez impressionnants. En 1954, seuls 7,5 % des ménages français disposaient d'un réfrigérateur. Formidable bond en avant jusqu'au début des « Golden Sixties » : en 1960, un ménage français sur trois a un réfrigérateur qui trône dans sa cuisine. Aujourd'hui, le réfrigérateur est présent dans presque 100 % des foyers. Et la part des ménages qui en possèdent deux a doublé depuis le début des années 1980. Le marché semble donc avoir atteint un niveau de saturation et ne se maintient désormais que grâce au renouvellement des appareils qui s'effectue à n'importe quel moment de l'année.

Il est cependant significatif de souligner que la durée d'utilisation moyenne d'un réfrigérateur est de onze ans et que 40 % des appareils remplacés sont encore en parfait état de fonctionnement ou réparables.

RÉFRIGÉRATEUR : UN ÉTONNANT MARCHÉ SOUS LA LOUPE

Le réfrigérateur est présent dans un peu plus de 99 % des foyers français. Disons presque 100 % pour simplifier. Le parc est constitué de 29,5 millions d'appareils de tous types, répartis de la manière suivante :

» Les combinés réfrigérateurs-congélateurs : 65 % (dont environ 3 % des réfrigérateurs dits « américains ») ;

» Les réfrigérateurs simples (une porte et modèles bas) : 33 %.

On peut aussi mentionner le fait que 82 % des réfrigérateurs vendus sont en « pose libre » et seulement 18 % en version encastrable ou intégrable.

Au royaume du froid, tout semble donc aller pour le mieux dans le meilleur des mondes. Enfin... tout ou presque... Car malgré cette incroyable profusion d'appareils, malgré sa réelle banalisation, le réfrigérateur est (trop) souvent mal utilisé, entraînant des dégradations des denrées alimentaires (avec les risques de gaspillages de denrées et d'intoxications alimentaires que cela peut provoquer), mais aussi de nombreux gaspillages énergétiques (selon l'Agence de l'environnement et de la maîtrise de l'énergie, l'ADEME, les équipements de froid représentent en moyenne plus de 30 % de la consommation électrique d'un ménage).

Alors ? Courant, voire banal, le réfrigérateur ? Incontestablement ! Facile d'emploi ? Assurément ! À condition, toutefois, d'en connaître quelques secrets, de bien l'utiliser et de bien y ranger les victuailles.

Différents types de froid

Dans l'immense majorité des cas, le choix d'un réfrigérateur est essentiellement lié à des questions d'encombrement, d'esthétique et d'aménagement intérieur. Les besoins réels de la famille ne sont pas toujours suffisamment pris en considération (on y reviendra plus loin), pas plus que les différents types de froid disponibles. Car il n'y a plus un, mais trois types de froid. Il y a donc froid, froid et froid !

» **Le froid statique**, qui présente l'avantage d'être hyper silencieux, est diffusé dans l'enceinte de l'appareil par un évaporateur, l'air y circulant librement. L'air froid descend alors que l'air chaud remonte. C'est pourquoi les différents types d'aliments doivent être rangés en fonction des zones de froid : les plus fragiles dans le bas de l'appareil, les autres plus hauts. Les réfrigérateurs utilisant la technologie du froid statique sont les plus courants.

» **Le froid brassé.** Un ventilateur - malheureusement assez bruyant - est disposé au fond de la paroi du réfrigérateur. Il brasse l'air à chaque ouverture de porte afin de rétablir quasiment « en temps réel » une bonne température de manière homogène. La température est rétablie jusqu'à deux fois plus vite que dans un appareil à froid statique (d'où une sérieuse économie d'énergie). Cette technologie présente aussi l'avantage de permettre une plus longue conservation des aliments.

» **Le froid ventilé (ou « *no frost* »).** Voilà un véritable must ! Une colonne de ventilation située le long de la paroi du fond du réfrigérateur diffuse un air sec qui permet une température homogène à tous les niveaux de l'appareil. Cela permet de ranger les aliments où on le désire (ou où il y a encore de la place !) sans devoir respecter les zones de froid d'un réfrigérateur basique à froid statique. Cerise sur ce gâteau réfrigéré : la durée de conservation des aliments est deux à trois fois plus longue que dans le cas d'un réfrigérateur classique, à condition de bien les couvrir afin qu'ils ne dessèchent pas. Autre avantage remarquable : ce type de froid permet d'éviter le givre dans la partie « congélation » de l'appareil. D'où non seulement moins de travail (plus de corvée de dégivrage !), mais également une appréciable économie d'énergie (selon les chiffres annoncés par les fabricants, jusqu'à 70 % d'économie énergétique par rapport à un congélateur classique) et une vraie sécurité alimentaire (lorsqu'un aliment congelé est recouvert de givre, la chaleur fait proliférer des bactéries sous la couche de givre. Le froid ventilé permet, pour sa part, une congélation saine de l'aliment).

Une bonne taille pour une plus grande efficacité et de meilleurs rangements

Une évidence : une famille nombreuse n'a pas les mêmes besoins qu'un couple sans enfant ou qu'une personne seule.

Le « volume utile » augmente en fonction de la taille de la famille et de la périodicité à laquelle les courses sont faites. Ainsi, un appareil classique à une porte conviendra pour un couple sans enfants. Plus petits, les « table-top » qui se placent sous le plan de travail suffisent pour une personne ou pour un couple. Ces appareils permettent de gagner de la place.

À l'opposé, les réfrigérateurs dits « américains » – ces grands appareils à deux portes qui font office de réfrigérateur, de congélateur et de distributeur de glace et d'eau fraîche (*side by side*) – ne trouvent place que dans les plus grandes cuisines. Ils restent bien plus chers que leurs concurrents, sont gourmands en énergie et nécessitent une arrivée d'eau (à moins qu'ils ne possèdent un réservoir à remplir manuellement). Mais, en contrepartie, ils offrent une capacité de stockage nettement plus élevée.

En plus du type de froid, de la classe énergétique (de A économe à G peu économe), de la classe climatique (de SN tempéré élargi à T tropical) et des différentes fonctions disponibles, le volume est ainsi un critère essentiel. Un réfrigérateur dont le volume est bien adapté aux besoins familiaux est donc gage d'efficacité et de facilité d'utilisation. Il est aussi beaucoup plus facile à organiser correctement qu'un appareil dont le volume est inadéquat.

Pour une famille de une à deux personnes, on estime qu'un réfrigérateur offrant un volume de 150 à 200 litres est largement suffisant. En revanche, ce volume doit être de 200 à 300 litres pour une famille de trois personnes. Et une famille de quatre personnes devra disposer d'un réfrigérateur plus grand, dont le volume dépasse 300 litres. Schématiquement, on considère qu'un couple a besoin d'un volume de réfrigération de 120 à 140 litres environ, capacité à laquelle il convient de rajouter 40 litres par personne supplémentaire.

Comment (bien) organiser le réfrigérateur

Même si les réfrigérateurs bénéficiant de la technologie *no frost* permettent une plus grande souplesse que les appareils équipés de technologies moins sophistiquées, tous les réfrigérateurs doivent être rigoureusement rangés. C'est l'un des critères qui autorisent une conservation optimale des aliments. Un bon rangement permet en outre de retrouver facilement et rapidement les ingrédients nécessaires à la réalisation d'une recette. Il permet aussi de faire aisément le point au moment de dresser la liste des courses afin de ne rien oublier, et de ne pas acheter plusieurs fois la même chose.

Bonne conservation des aliments et efficacité sont donc au rendez-vous d'un réfrigérateur rigoureusement organisé.

LA BONNE TEMPÉRATURE

La température idéale du réfrigérateur doit osciller entre 0 °C et 6 °C ; le thermostat pouvant être réglé entre 0 °C et 4 °C, histoire de remédier aux inévitables variations de températures causées notamment par les ouvertures/fermetures de la porte. Attention toutefois au fait que, pour l'immense majorité des réfrigérateurs, la température est loin d'être uniforme et varie d'une zone à l'autre.

Au sein d'un réfrigérateur, on distingue quatre grandes zones de froid qui sont :

- » La zone froide (moins de 4 °C) ;
- » La zone fraîche (entre 4 et 6 °C) ;
- » La zone tempérée (6 ou 7 °C) ;
- » La porte (6 ou 7 °C).

Dans la zone froide, il faut stocker les viandes, les poissons, les plats préparés, les produits frais entamés ainsi que les produits mis en décongélation.

Dans la zone fraîche, on place les produits laitiers, les desserts lactés, les fromages frais, les fruits et légumes cuits, de même que les viandes et les poissons cuits.

Dans la zone tempérée se retrouvent les fromages ainsi que les fruits et légumes frais (du moins ceux qui supportent d'être placés dans le bac à légumes du réfrigérateur).

Dans la porte de l'appareil se rangent les œufs, le beurre, les confitures entamées, les condiments et les boissons.

DURÉE DE CONSERVATION MOYENNE DES ALIMENTS

À titre indicatif, voici la durée moyenne de conservation des principales catégories d'aliments. Les durées avancées sont basées sur des conditions de conservation optimales.

- » 1 à 2 jours : les viandes cuites, le poisson cru ;
- » 2 jours : les poissons cuits, les plats en sauce, les légumes préparés, les pâtisseries fraîches, les entremets ;
- » 3 jours : la viande crue, le lait pasteurisé (ouvert), les jus de fruits (ouverts) ;
- » 4 jours : les pâtés, les rillettes ;
- » 5 à 6 jours : le fromage blanc, le lait UH ouvert, le lait stérilisé ouvert, les yaourts ouverts, la crème fraîche ;
- » 1 à 3 semaines : les œufs ;
- » Jusqu'à 1 mois : le beurre pasteurisé.

Deux conseils supplémentaires :

- **Certains produits contiennent des suremballages qui compromettent leur bonne conservation.** Au moment de les ranger dans le réfrigérateur, il est alors conseillé de retirer les emballages supplémentaires, en vérifiant que la date de péremption figure sur l'aliment ;
- **Le stockage au froid des fruits et légumes peut faire perdre jusqu'à 50 % de leur teneur en vitamines !** Il est donc conseillé de consommer les légumes frais dans les 24 à 48 heures après leur achat.

Congélateur : le froid te va si bien

Sous une forme ou une autre (combi réfrigérateur-congélateur, coffre, congélateur à tiroirs), le congélateur est également devenu un appareil électroménager indispensable. Aujourd'hui, selon les données les plus récentes (c'est-à-dire 2014), plus de 91 % des foyers français en possèdent un. Un chiffre à mettre en regard de celui de 2004 : à cette date, seuls 83 % des ménages français disposaient d'un congélateur.

Le parc actuel est majoritairement composé d'appareils en « pose libre » (environ 97 %) pour seulement 3 % de modèles intégrables ou encastrables. Les spécialistes estiment que près de la moitié des appareils vendus (46 % très exactement) viennent en remplacement d'un précédent appareil.

Depuis plusieurs années, les consommateurs accordent une réelle importance aux appareils de réfrigération performants et économes en énergie. L'impact du coût d'usage sur le coût total de ces appareils branchés en permanence y est en effet d'autant plus important. L'offre produits a sensiblement évolué, et désormais 68 % des congélateurs de grandes marques sont classés A+ ou A++.

CONGÉLATION VS SURGÉLATION

Il ne faut surtout pas confondre la congélation et la surgélation qui sont deux procédés de conservation radicalement différents.

Si la première est un mode familial de conservation, aisément réalisable par tout un chacun dans le cadre de sa cuisine, la seconde est un procédé industriel de conservation à froid.

Dans ce cadre, les produits sont amenés de manière ultra-rapide à des températures qu'aucun congélateur « de ménage » ne pourra jamais atteindre : elles varient entre - 35 et - 196 °C. Ce n'est qu'ensuite que les aliments ainsi traités sont conservés à une température de - 18 °C si la chaîne du froid est respectée.

Bien adapté, plus performant

Pour qu'il soit efficace et performant, pour qu'il soit le plus facile possible à ranger aussi, un congélateur doit répondre au plus près aux besoins réels de ses utilisateurs. Il ne sert à rien d'acheter un appareil gigantesque si l'on vit seul ou en couple. De même, une trop petite capacité ne conviendra pas aux plus grandes familles.

Ni trop petit, ni trop grand : une bonne capacité

Dans les magasins spécialisés, le choix est extraordinairement vaste et diversifié. La gamme démarre généralement avec des petits appareils d'une contenance minimale (30 à 40 litres) pour terminer avec des congélateurs au format XXL dont la capacité avoisine, voire dépasse 400 litres. Habituellement, on estime que chaque membre de la famille doit pouvoir disposer d'environ 0,15 à 0,18 mètre cube en moyenne.

Autre critère de choix : l'utilisation réelle. S'il s'agit uniquement de stocker quelques produits surgelés du commerce, un appareil dont la capacité varie entre 50 et 100 litres est suffisant. Mais les passionnés de bonne cuisine maison opteront pour une capacité supérieure, aux alentours de 200 à 250 litres.

Dans tous les cas, il est préférable – sur le plan énergétique – de bénéficier d'un petit congélateur bien plein que d'un grand appareil à moitié vide.

Horizontal, vertical… ?

En fonction de l'emplacement choisi pour l'appareil, trois options sont possibles :

- **Le congélateur horizontal, type coffre,** est idéal pour l'installation dans une vaste cuisine, dans un cellier, dans une cave, voire dans un garage (même s'il n'est jamais conseillé de stocker des denrées alimentaires à proximité d'une voiture et de ses désagréables effluves). En outre, un congélateur-coffre est légèrement moins cher à l'achat qu'un modèle vertical équipé de tiroirs. Autre avantage, et non des moindres : ce type d'appareil est généralement plus économique à l'usage qu'un appareil vertical. Comme il y a relativement peu d'air froid qui s'échappe quand on ouvre son couvercle, il est peu gourmand en énergie. Cela dit, un congélateur horizontal présente quand même quelques inconvénients. D'une part, il demande une plus grande superficie au sol qu'un congel' vertical. D'autre part – et c'est là un « hic » essentiel dans le cadre du bon rangement ! –, il est parfois assez difficile à organiser : les aliments congelés finissant souvent par s'entasser pêle-mêle les uns sur les autres. À l'achat, il faut donc veiller à ce qu'un congélateur-coffre soit tout de même équipé de quelques tiroirs ou, au minimum de quelques paniers suspendus permettant un minimum d'organisation.
- **Le congélateur vertical, de type armoire,** est sans conteste celui qui s'intègre le plus facilement à la majorité des cuisines modernes. Il peut même être « habillé » de manière à trouver harmonieusement place au sein d'une cuisine intégrée. Ressemblant à s'y méprendre à un réfrigérateur classique, le congélateur-armoire comporte une ou deux portes ouvrant sur des tiroirs. Ceux-ci permettent une organisation idéale et un rangement performant de tous les produits et de toutes les victuailles (*via* un classement par type de denrées notamment).

Il présente toutefois quelques inconvénients. Ainsi, les tiroirs, s'ils permettent de conserver toujours l'appareil en ordre, peuvent éventuellement limiter la taille ou le volume de certains produits (la grosse dinde de Noël, par exemple !). D'autre part, il est généralement un peu plus cher à l'achat que le congélateur précédent et peut se montrer plus gourmand en énergie car le froid s'échappe plus massivement à chaque ouverture de porte.

» **Le réfrigérateur-congélateur** est devenu un grand classique du genre. Il se trouve aujourd'hui dans de nombreuses cuisines modernes. En effet, un grand nombre de réfrigérateurs actuels sont équipés d'un petit congélateur intégré. En fonction des différents modèles disponibles sur le marché, le congélateur est intégré à l'intérieur du réfrigérateur (sa capacité est alors très limitée) ou dispose de sa propre porte. Cette dernière version offre un meilleur rendement que la précédente. À l'achat, il est important de vérifier que la partie congélateur de l'appareil est capable de conserver une température de - 18 °C. Le principal inconvénient de ce type d'appareil est bien entendu sa taille pour le moins « riquiqui », ne permettant pas vraiment de faire des provisions à moyen et long termes.

Bien organisé, plus efficace

Si la congélation est un processus relativement simple, un congélateur bien organisé et rangé permet non seulement de gagner énormément de temps (et d'éviter bien des énervements) quand il faut mettre la main sur certains produits ou préparations congelés, mais cela assure aussi une plus grande efficacité de l'appareil.

Quelques astuces permettent de se faciliter la vie tout en optimisant le bon fonctionnement du congélateur.

» Étiquetez bien tous les aliments stockés en mentionnant le nom du produit ou de la préparation, la date de mise en congélation, la forme de congélation (entier, en tranches, en darnes...) et le nombre de portions ;

» Au moment d'ajouter un nouvel aliment, n'oubliez jamais de placer les plus anciens devant ou dessus, de manière à utiliser ces aliments dans l'ordre dans lequel ils ont été congelés (les plus anciens d'abord) ;

» Tenez à jour une liste complète et détaillée du contenu de l'appareil par type d'aliments, sans omettre de noter au fur et à mesure les ajouts et les retraits ;

» N'hésitez jamais à vous débarrasser des paquets difficilement indentifiables ainsi que des aliments dont la date limite de conservation est dépassée ;

» Optimisez l'espace en utilisant des récipients carrés ou rectangulaires, de préférence en plastique transparent, ce qui permet de voir aisément ce qu'ils contiennent.

LES DEUX RÈGLES D'OR D'UN CONGÉLATEUR BIEN ORGANISÉ

» **Règle n° 1 :** répartir tous les aliments par type (les légumes, les viandes, les poissons, les plats préparés…) de manière à retrouver plus vite et plus facilement ce dont on a besoin.

» **Règle n° 2 :** tenir à jour l'inventaire précis du contenu de l'appareil.

Tout ne se range pas dans le congélateur !

Il est bien entendu important de ranger correctement les victuailles dans le congélateur. Après tout, pourquoi ranger soigneusement toute la maison si c'est pour laisser un bazar pas possible dans un appareil ménager ? Mais il est tout aussi important de savoir que tout ne s'y stocke pas.

D'une manière générale, ce sont les aliments du meilleur niveau qualitatif qui conviennent le mieux pour la congélation. Sachant que les produits biologiques présentent déjà, à la base, l'avantage d'avoir une meilleure et une plus longue conservation que les produits issus des agricultures conventionnelle et dite raisonnée.

Cependant, si la grande majorité des aliments et préparations se prêtent merveilleusement bien à la congélation, il existe quelques exceptions qu'il vaut mieux connaître afin d'éviter les mauvaises surprises et le risque de rater complètement telle ou telle recette. Ces exceptions sont les suivantes :

- Les aliments frits, qui perdraient leur délicieux croustillant ;
- Les blancs d'œufs cuits, qui deviendraient à la fois caoutchouteux et assez durs ;
- La chapelure et les garnitures de chapelure, qui deviendraient pâteuses et peu agréables à déguster ;
- La crème pâtissière et, plus largement, les garnitures à base de crème, qui risqueraient de devenir pâteuses ;
- La crème aigre, qui aurait tendance à se liquéfier ;
- Les fruits et légumes croquants fort chargés en eau (dont le melon, les tomates...), qui perdraient leur croquant ;
- La mayonnaise, qui se séparerait ;
- Les pommes de terre intégrées aux soupes, ragoûts..., qui risqueraient de se transformer en bouillie ;
- Les yaourts et le lait frais ;
- La viande hachée ;
- Les coquillages crus (à l'exception des coquilles Saint-Jacques).

De A à Z, tous les aliments et leur durée de congélation

Voici, catégorie par catégorie, les principaux aliments et préparations qu'il est possible de congeler, avec leur durée maximale de congélation à - 18 °C pour une qualité optimale et une consommation sans risque.

TABLEAU 8-1 : Les principaux légumes

Quoi ?	Comment ?	Combien ?
Aubergine	épluchée, coupée en rondelles et blanchie 3 minutes	12 mois
Brocoli	lavé et séché	12 mois
Carotte	épluchée et taillée en rondelles	8 mois
Chou-fleur	séparé en bouquets	6 mois
Courge	épluchée et coupée en morceaux	6 mois
Courgette	épluchée et coupée en rondelles	3 mois
Épinards	blanchis 3 minutes et égouttés	12 mois
Haricots verts	équeutés, lavés et séchés	12 mois
Lentilles	cuites	3 à 6 mois
Petits pois	écossés	12 mois
Tomate	blanchie, pelée et mixée en coulis	12 mois

TABLEAU 8-2 : Les principaux fruits

Quoi ?	Comment ?	Combien ?
Abricot	lavé, coupé en deux et dénoyauté	12 mois
Cerise	lavée, équeutée et dénoyautée	12 mois
Fraise	à plat, sur du papier sulfurisé	12 mois
Framboise	à plat, sur du papier sulfurisé	12 mois
Kiwi	épluché et coupé en deux	6 mois
Poire	épluchée, coupée en deux, cœur et pépins retirés	12 mois
Quetsche	lavée, coupée en deux et dénoyautée	12 mois

TABLEAU 8-3 : Les principaux poissons et crustacés

Quoi ?	Comment ?	Combien ?
Calamar	cru	3 à 6 mois
Crabe	cru	2 à 3 mois
Crevette	crue	3 à 6 mois

Quoi ?	Comment ?	Combien ?
Crustacés et coquillages	cuits	3 mois
Homard	cuit à l'eau salée 10 minutes et recouvert de saumure	2 à 3 mois
Pétoncle	bien rincé et recouvert de saumure	3 à 6 mois
Poisson maigre (morue, plie, sole, églefin...)	nettoyé et vidé	6 mois
Poisson gras (maquereau, saumon...)	nettoyé et vidé	2 à 3 mois
Poisson	cuit	4 à 6 mois
	fumé	2 mois, dans un emballage scellé sous vide

TABLEAU 8-4 : Les principales viandes et volailles

Quoi ?	Comment ?	Combien ?
Abats et abattis ! à savoir : la congélation altère texture et goût	non cuisinés	3 mois
Dinde	entière : plumée et vidée	12 mois
	en morceaux : congelée à plat	
Gibier	gros	9 mois
	petit	12 mois
Poulet	entier : plumé et vidé	12 mois
	en morceaux : congelé à plat	12 mois
	cuit : en pépites (nuggets)	2 mois
	frit	4 mois
	cuit en casserole	5 mois
Saucisse	de Francfort	2 à 3 mois
	en emballage fermé ou ouvert	1 à 2 mois

Quoi ?	Comment ?	Combien ?
Viande	cuite, en casserole, en bouillon ou en sauce	2 à 3 mois
Viande de bœuf	à bouillir	3 à 4 mois
Viande de bœuf (steak, entrecôte…)	congelée à plat	8 mois
Viande de bœuf (côte, rôti,…)	en papier d'aluminium ménager	8 mois
Viande de mouton (et viande d'agneau)	en papier d'aluminium ménager	6 mois
Viande de porc (côtelette,…)	congelée à plat	6 mois
Viande de veau	en papier d'aluminium ménager	4 mois
Volaille	cuite, en morceaux et nature	4 mois
	cuite, en morceaux, en bouillon ou en sauce	6 mois

TABLEAU 8-5 : Les principales salaisons et charcuteries

Quoi ?	Comment ?	Combien ?
Bacon	cru, à plat	1 mois
Jambon	cuit, entier ou en tranches	1 à 2 mois
Saucisson (de dinde, de bœuf, de porc ou de poulet)	cru	1 à 2 mois
Saucisse	saucisse « petit déjeuner », fricadelle, saucisse sèche	1 à 2 mois

TABLEAU 8-6 : Les principaux produits laitiers et à base d'œufs

Quoi ?	Comment ?	Combien ?
Babeurre		3 mois
Beurre	non salé, en sachet dans l'emballage d'origine	4 mois
Beurre	salé	3 mois

Quoi ?	Comment ?	Combien ?
Blanc d'œuf		2 mois
Crème	à fouetter, 10 à 35 % de matières grasses	1 mois
Crème	glacée, du commerce glacée, faite maison fouettée, sucrée fouettée, ultra pasteurisée	1 mois 2 jours 1 à 2 mois pas de congélation
Fromage à pâte cuite	emballé sous film alimentaire, en portions de 250 g	6 mois
Fromage à pâte dure (cheddar…)		6 mois
Fromage à pâte molle (brie…)		6 mois
Fromage fermenté	mis en sachet	3 mois
Fromage râpé	en boîte plastique	3 mois
Fromage type « cottage »		mauvaise congélation
Jaune d'œuf	mélangé avec 1/2 cuillerée à café de sel	3 mois
Lait	pasteurisé	1 mois
Lait de poule	du commerce	6 mois
Margarine		6 mois
Œuf	frais, en coquille cuit dur	pas de congélation mauvaise congélation
Pudding		pas de congélation
Ricotta		mauvaise congélation

TABLEAU 8-7 : Les principaux produits de boulangerie et de pâtisserie

Quoi ?	Comment ?	Combien ?
Baguette	en sachet	1 semaine
Biscuit		4 mois
Fond de tarte	prêt à cuire	2 mois
Gâteau	en portions individuelles	3 mois
Pain (de campagne ou complet)	en tranches, en sachet	1 mois
Pâte	à biscuits	2 mois
Sandwich		1 mois
Tarte aux fruits	non cuite	6 mois
Viennoiserie	en sachet	2 mois

TABLEAU 8-8 : Divers

Quoi ?	Comment ?	Combien ?
Boisson aux fruits	en boîte de carton	8 mois
Farce	cuite	1 mois
Pâté à la viande	cuit	3 mois
Pizza		1 à 2 mois
Préparations sous vide	maison ou du commerce, aux œufs, au poulet, au thon, au jambon…	mauvaise congélation
Ragoût	avec des légumes et/ou de la viande	2 à 3 mois
Soupe	avec des légumes et/ou de la viande	2 à 3 mois
Tourte	cuite	3 mois

Au rayon des boissons

Les bouteilles d'eau, de limonade, de soda, de lait… ainsi que les bouteilles d'huile ou de vinaigre peuvent être rangées dans une armoire dédiée (les packs en plastique seront préalablement débarrassés de cet emballage.

Les cannettes seront rangées dans le même placard que les bouteilles, avec toutefois une petite réserve au frais, dans le réfrigérateur.

Au rayon frais

La plupart des fruits et légumes frais peuvent être stockés dans le bac à légumes du réfrigérateur, mais pas tous.

Certains fruits et légumes se conservent soit au frais, soit à l'air ambiant, au choix. Attention, il faut noter que pour tous ces fruits et légumes qui supportent tant le frais que l'air ambiant, la conservation est tout de même plus longue de quelques jours lorsqu'ils sont conservés au frais. Ces légumes sont les asperges, les carottes, les choux pommés, les concombres, les endives et les poireaux. Pour les fruits, ce sont les cerises, les agrumes (citrons, clémentines, oranges, mandarines, pomelos), les fraises, le melon, les pommes, les prunes et le raisin.

Certains fruits et légumes ne tolèrent pas le frais. Ils ne sont pas nombreux, mais il est important de le savoir pour optimiser leurs qualités gustatives et leur conservation. Par exemple, il ne faut jamais mettre au frais des tomates si l'on veut conserver leur goût intact. Il en est de même pour les bananes, qui ne doivent jamais passer au frais pour éviter que leur maturité ne s'arrête et qu'elles noircissent. Les haricots verts sont également concernés, tout comme les poivrons.

NE PAS MÉLANGER !

Certains fruits et légumes spécifiques altèrent le goût ou l'aspect des fruits et légumes qui sont à proximité, ou simplement les font mûrir plus vite. La raison ? Ces fruits et légumes sont producteurs d'éthylène, augmentant ainsi la maturation des autres fruits et légumes. Il s'agit de la banane, de la pomme, de l'avocat, du melon, de la poire, de la tomate, de la pêche et de la nectarine. Attention donc à ne pas les mettre trop près d'autres fruits et légumes !

Et les autres provisions…

Des céréales du petit déjeuner au pot de moutarde, du sachet d'épices au bocal de cornichons en passant par les paquets de sucre ou de spaghettis, le thé et le café… et tant d'autres articles encore, le cabas déborde. C'est le moment de mettre un peu d'ordre dans tout ça !

De tout un peu

Café, thé, féculents, condiments, chocolat en tablette et en poudre, riz, pâtes, farine et levure, sucre, confitures, céréales… Chaque ingrédient doit trouver une place adéquate en fonction de son utilisation réelle. Dans les placards et armoires, les ingrédients les moins employés se retrouveront plutôt au fond, tandis que ceux qui sont utilisés de manière beaucoup plus courante et régulière seront mis en évidence, à portée de main (et donc à l'avant des placards et armoires).

Si bocaux ou boîtes de conserve il y a, le mieux est de les empiler par type de produit afin de gagner de la place sur chaque étagère. Une seule précaution : chaque pile doit être bien stable afin d'éviter tout effondrement.

Dans le cas de deux produits identiques avec des dates limite d'utilisation (DLU) différentes, celui dont la date limite est la plus proche sera placé devant et celui dont la date limite est la plus éloignée en retrait.

Les épices et les plantes médicinales

Les épices sont des ingrédients fragiles, parfois coûteux (dans le cas du véritable safran ou de la meilleure vanille en provenance des Comores ou de Madagascar, par exemple), qui méritent un maximum de soin et d'attention.

Le mieux est de les conserver dans des petits pots opaques et bien hermétiques. Certaines cuisines sont équipées d'armoires très étroites spécialement conçues à cet effet. À défaut, un tiroir permettant de stocker les pots d'épices debout, à la verticale, convient fort bien.

Dans tous les cas, les épices doivent être conservées au sec (elles ne souffrent pas l'humidité), à l'abri de la lumière et au frais. Il faut donc éviter de les ranger près d'une source de chaleur (four, cuisinière) ou d'humidité (évier).

Il en va de même pour les plantes médicinales qui sont de plus en plus souvent utilisées avec succès par les familles. On parle ici de menthe, de sauge, de valériane, de romarin, de camomille, de basilic, d'ortie, de mélisse, de lavande, de pissenlit, de millepertuis, de piment... pour les plus courantes d'entre elles. Beaucoup de ces plantes médicinales aux propriétés connues depuis des centaines, voire des milliers d'années, et à l'efficacité largement prouvée, sont aussi utilisées aux fourneaux.

Comme les épices, elles n'apprécient ni la lumière, ni la chaleur, ni l'humidité. L'idéal est de les stocker individuellement (pas de mélange de plantes !) dans une double épaisseur de sachets en papier kraft (pour les quantités les plus importantes) ou dans des bocaux (type pots à épices) très propres et fermant bien hermétiquement (pour les plus petites quantités). Ces sachets ou ces bocaux seront ensuite disposés dans une armoire ou dans un tiroir, près des épices.

4
Pièces d'eau

DANS CETTE PARTIE . . .

Salle de bains et buanderie sont souvent des pièces « cachées » de la maison. Même si elles ont toute leur importance pour la famille et les activités ménagères, ces pièces sont trop souvent délaissées. Et c'est fort dommage car, comme les autres pièces de la maison, elles méritent soin et attention.

La salle de bains est utilisée par toute la famille, même si sa superficie est parfois fort réduite. On s'y lave, mais on peut aussi s'y détendre, profiter d'un bain relaxant ou d'une douche revigorante. On profite encore de cette pièce pour prendre soin de soi, se pomponner, se chouchouter. Se détendre ? Prendre soin de soi ? C'est « mission impossible » si la pièce vit sous l'emprise du désordre. Si les serviettes de bain côtoient sans vraiment y prendre goût les vêtements sales qui jonchent le sol. Si les tubes de dentifrice – pas toujours rebouchés, d'ailleurs – sont négligemment jetés sur le rebord du lavabo, à côté de verres à dents que l'on ne prend pas toujours la peine de rincer après usage.

Pas mieux du côté de la buanderie, qui pâtit déjà d'une réputation sulfureuse. Lorsque l'on dit « buanderie », beaucoup pensent « corvée ». C'est la pièce du lave-linge et du séchoir. Cela peut aussi être la pièce où l'on raccommode le linge. Et où l'on repasse. Autant d'activités, pas toujours très rigolotes, c'est vrai, mais qui se dérouleront plus agréablement et plus vite dans une buanderie qui ne ressemble pas à un chantier. Dans une pièce vouée à une activité bien précise (le lavage, séchage et repassage du linge) et qui ne sert pas aussi de débarras, de cellier ou même d'atelier.

Chapitre 9

La salle de bains : que d'eau, que d'eau !

DANS CE CHAPITRE :

- **Le shui (l'eau) de la salle de bains feng shui…**
- **Première étape : désencombrer**
- **Linge, produits et jouets… de bain**
- **Les produits cosmétiques et de maquillage**
- **L'armoire « SOS bobos »**
- **Des toilettes aux petits oignons**

En principe essentiellement dédiée à l'hygiène corporelle, aux soins de beauté et, d'une manière plus générale, à la détente et au bien-être, la salle de bains souffre d'être trop souvent négligée.

Il est vrai que cette pièce présente parfois un sérieux handicap : souvent d'une taille réduite, elle voit défiler – à moins de disposer de plusieurs salles de bains dans la maison – chaque membre de la famille au moins deux fois par jour. Et notamment le matin, alors que tout le monde s'est levé en retard et que c'est la course avant de prendre le chemin du bureau ou de l'école. Il faut être honnête, à tout le moins réaliste : ce n'est pas lorsque les minutes sont comptées avant de sortir la voiture du garage ou de galoper jusqu'à la station de métro la plus proche, ce n'est pas lorsque les autres membres de la famille trépignent devant la porte que l'on va passer un temps fou à mettre la pièce en ordre et à tout ranger soigneusement !

D'où un second handicap. Et une question : comment pourrait-il être possible de profiter de ce formidable espace de détente et de bien-être lorsque celui-ci sombre dans le chaos et ploie sous le désordre ? Comment se faire du bien en profitant d'un bain relaxant ou d'un apaisant soin du visage lorsque les bombes et flacons de déodorant gisent de-ci de-là, qu'un tas de linge sale traîne dans un coin ou que le lavabo est encombré de tubes de dentifrice non rebouchés et débordant de pâte ? Sans oublier le peignoir jeté négligemment sur le rebord de la baignoire, le flacon de bain-douche abandonné, ouvert et trempé, sous le robinet qui goutte ou les tubes de rouge à lèvres bizarrement plantés au milieu des Cotons-Tiges ?

Détente ? Bien-être ? Relaxation ? Rien ne met un terme plus violent à ces trois sensations que le désordre. Il est temps de se retrousser les manches ! Et de mettre un peu d'ordre dans cette salle de bains qui mérite bien qu'on lui accorde de l'attention, du soin et du temps.

Le shui (l'eau) de la salle de bains feng shui…

Dans cette pièce comme ailleurs dans la maison, le feng shui se positionne comme l'arme ultime contre le désordre et le chaos. Mais une arme pacifique, utile et constructive !

Combattre l'humidité

En premier lieu, il faut spécifier que la salle de bains a une mauvaise réputation dans le feng shui. Selon lui, l'humidité est responsable de la stagnation des mauvaises énergies. C'est pour cela que cet art de vivre recommande avant tout de bien aérer ou de bien ventiler la pièce afin de dissiper toute humidité. Tout ce qui aide à combattre l'humidité, tout ce qui contribue à y apporter vie et fraîcheur, est bienvenu : un rideau ouvert après la douche, des porte-serviettes chauffants, de belles plantes vertes (en évitant les plantes arborant des feuilles pointues ou piquantes) telles que les orchidées dont l'élégance et la pureté conviennent à merveille à la salle de bains.

Les canalisations ont aussi leur importance car elles permettent aux énergies positives de s'échapper. L'écoulement de l'eau symbolise l'écoulement (et donc la perte) de l'argent. C'est pourquoi le feng shui recommande de toujours reboucher les canalisations d'eau des sanitaires (lavabo, douche, baignoire...) après usage. Pour la même raison, le panier de linge sale et la poubelle de salle de bains doivent aussi être bien fermés (le pire étant une poubelle de salle de bains sans couvercle).

Le bon positionnement

Idéalement, la pièce doit être assez éloignée de la porte d'entrée de l'habitation et relativement « dissimulée » par une porte ou par un rideau fermé. Le secteur nord de l'habitation, lié à l'élément Eau, reste le plus approprié. D'ailleurs, l'endroit le plus défavorable pour installer une salle de bains est le centre de la maison. Cette mauvaise disposition provoque une sorte de « décentrage » et une baisse générale d'énergie.

La tendance actuelle qui plébiscite la salle de bains largement ouverte sur la chambre est une aberration, tant au niveau hygiénique que sur le plan de la légitime intimité, en ce qui concerne le feng shui. Cette disposition a pour effet de mélanger les énergies intimes du couple avec celle du nettoyage et des évacuations. Pas franchement glamour ! Dans le même esprit, on peut aussi signaler que si la salle de bains jouxte une chambre, il est essentiel de ne pas placer la tête de lit contre le mur où se trouve le WC ou la baignoire afin d'éviter de perturber le sommeil.

Déco & Co.

Toujours selon les principes du feng shui, une salle de bains ne doit pas être trop sophistiquée, trop raffinée ou trop luxueuse. Elle doit seulement être propre et bien rangée. Plus elle est luxueuse, plus elle risque d'attirer les mauvaises énergies, le mauvais sort.

Un miroir est essentiel. Placé sur la face intérieure de la porte ou sur un mur, positionné de manière à pouvoir s'y refléter complètement sans se contorsionner parce qu'il est installé trop bas ou trop haut.

Autre élément de déco essentiel : une tablette en verre ou en bois sous la fenêtre et sur laquelle il est possible de déposer de jolis pots de fleurs ou des flacons transparents : décoratifs, ils ralentissent la déperdition de l'énergie vers l'extérieur.

Au niveau des couleurs, le vert est vivement recommandé (il symbolise l'argent et la réussite financière). Certains spécialistes évoquent aussi le rouge et l'orange (surtout si la salle de bains est positionnée dans le secteur sud-ouest de la maison) : des couleurs symbolisant l'élément Feu qui vient contrebalancer le pouvoir de l'élément Eau. En revanche, si la pièce est en secteur nord, il vaut mieux éviter d'abuser du noir et du bleu car c'est déjà d'évidence dans une pièce d'eau.

Première étape : désencombrer

Force est de reconnaître que mettre de l'ordre dans une salle de bains utilisée au moins deux fois par jour par toute la famille, puis la conserver propre et bien rangée, n'est pas toujours chose facile. Surtout si, en plus, la pièce est relativement exiguë. Là, ça devient un vrai challenge !

Et c'est encore moins facile lorsque l'on se rend compte de tous les objets laissés dans la pièce par l'un ou l'autre membre de la famille : les serviettes de bain et les éponges, les produits d'hygiène corporelle, les savons et les gels pour la douche, les shampoings et autres produits de soins capillaires, les vêtements sales, les peignes, brosses à cheveux, limes à ongles, ciseaux et autres petits articles, les produits cosmétiques, les rasoirs, les déodorants et les parfums... Sans oublier les indispensables jouets insubmersibles et colorés sans lesquels le petit dernier refuse obstinément de prendre son bain.

Il n'y a pas trente-six manières d'éviter le désordre. Il n'y en a qu'une seule : il faut désencombrer au maximum la pièce et l'équiper avec un maximum de rangements adéquats.

Désencombrer ? Un autre mot pour dire « trier ». Car, une fois de plus, tout commence par un tri sévère. Le moment est donc venu de vider armoires, placards, tablettes, tiroirs et autres étagères surencombrés. De les débarrasser une bonne fois pour toutes de tous ces produits périmés depuis belle lurette, de ces échantillons avidement amassés, ouverts puis abandonnés à leur triste sort, de ces petits pots vides ou dont le fond de crème est complètement desséché et inutilisable... Et, d'une manière générale, de tous ces pots, flacons, bombes, tubes... dont personne ne se sert plus.

Trop de produits

La tâche est d'autant plus importante (et la récolte d'autant plus abondante) que la plupart des salles de bains modernes contiennent beaucoup plus de produits que nécessaires. Beaucoup trop de produits dont la seule et unique fonction, semble-t-il, est d'encombrer inutilement les lieux. On parle ici de ces produits vantés à longueur de publicités tapageuses et qui s'avèrent plus que décevants. Mais aussi de ces produits qui paraissaient *a priori* intéressants mais qui ne sont en fin de compte qu'un vulgaire amalgame de substances hautement toxiques (parabènes, sels d'aluminium, tallowate de sodium...). Ou de produits achetés sur un coup de tête et qui ne correspondent à aucun besoin réel. Une seule destination pour tous ces parfums ou déodorants, pour tous ces savons, shampoings ou gels douche, pour tous ces fonds de teint, crèmes de jour ou de nuit, mascaras et autres rouges à lèvres décevants, périmés, desséchés, oubliés : la poubelle !

Mais la salle de bains est aussi encombrée et en perpétuel désordre parce que nombreux (et nombreuses...) sont ceux qui entament un nouveau produit sans attendre d'avoir terminé le précédent. À quoi sert d'entamer deux déodorants à la fois ? Ou d'utiliser en même temps deux tubes de dentifrice ? La réponse est simple : à rien ! À rien si ce n'est jouer à fond la carte d'un honteux, inutile et onéreux gaspillage. À rien si ce n'est à créer un inextricable désordre dont la salle de bains se passerait bien.

Une bonne habitude

Pour éviter ce gaspillage qui, fondamentalement, a quelque chose de révoltant, pour éviter aussi ce désordre qui, fondamentalement aussi, est pour le moins rebutant, l'une des astuces consiste à bien séparer les produits neufs de ceux qui sont utilisés. L'autre astuce consiste à s'astreindre et à astreindre les autres membres de la famille (parfois plus sensibles à leur confort qu'aux dépenses du ménage et à la corvée rangement) à faire de même : pas question d'entamer un nouveau produit avant que le précédent ne soit épuisé !

Multiplier les rangements adéquats

Le tri étant effectué, reste à ranger tout ce qui doit vraiment trouver place dans la salle de bains.

Quelle que soit sa taille, il est toujours possible d'y disposer des rangements : armoires, placards, tablettes, étagères… Le fait de multiplier les espaces de rangement bien conçus permet de faire la nique au désordre et de conserver la pièce bien rangée.

PENSER DES RANGEMENTS SUPPLÉMENTAIRES

Des rangements supplémentaires sont nécessaires afin de garder une salle de bains toujours en ordre, et donc agréable.

La bonne idée consiste à penser en termes de hauteur : si la disposition des lieux le permet, pourquoi ne pas prévoir des rayonnages qui partent du sol et montent quasiment jusqu'au plafond ? Pourquoi ne pas fixer une ou plusieurs patères sur la porte ? Ou accrocher au mur de petites armoires de faible profondeur, qui n'envahiront pas l'espace mais permettront tout de même de ranger un grand nombre de choses (les armoires suspendues permettent de libérer de la superficie au sol tout en facilitant le nettoyage de la pièce) ?

D'une manière générale, les meubles hauts et de faible profondeur sont souvent idéals pour la salle de bains : ils permettent de ranger une multitude d'articles de toilette, de produits cosmétiques ou d'hygiène corporelle tout en n'occupant qu'un espace restreint. Autres astuces ingénieuses : des porte-serviettes extractibles qui coulissent entre deux meubles, des plateaux coulissants qui offrent habituellement une très appréciable surface de rangement, des vide-poches suspendus à l'intérieur des portes des placards, par exemple.

Une astuce imparable : si tous les membres de la famille partagent la même salle de bains, l'idéal est de fournir à chacun un rangement spécifique (une boîte, un panier…), d'une couleur déterminée. Que chacun puisse ainsi retrouver ses affaires – peigne, rasoir, déodorant, brosse à cheveux, produits de maquillage, entre autres – sans devoir « trifouiller » dans les affaires des autres membres de la famille.

Tous au bain !

Qui dit bain pense relaxation, détente et bien-être. Mais sous-entend aussi linge de bain, produits de bain ou même jouets de bain. Autant d'articles et d'objets – généralement multipliés par le nombre d'occupants de la maison – qui doivent bien trouver place dans la salle... de bains, justement.

Le linge de bain

Dans ce cas aussi, il est inutile de continuer à s'encombrer avec du superflu. Ainsi, par exemple, les serviettes de bain usées, déchirées, dépareillées... n'ont probablement plus aucune (bonne !) raison d'encombrer la pièce. Elles pourront peut-être faire de vieux chiffons ou servir à sécher le chien qui rentre trempé de sa promenade mais, dans la plupart des cas, elles pourront prendre la direction de la poubelle. Sans remords !

Inutile aussi de s'embarrasser de trente-six parures de linge de bain différentes. Elles ne serviront pas toutes, alors à quoi bon saturer les armoires ? Pour ne pas s'encombrer inutilement, le mieux est de calculer les besoins réels, à savoir :

- Deux grandes serviettes de bain + deux petites par personne. Généralement, les serviettes de bain peuvent être utilisées pendant cinq à sept jours, puis être remplacées par une seconde parure identique (le temps de laver la première) ;
- Quelques parures complètes supplémentaires pour les éventuels amis de passage qui logent à la maison ;
- Quatre beaux tapis de bain qui permettent de les changer de manière régulière et de les lessiver.

Grandes ou petites, les serviettes de bain non utilisées peuvent être mises en réserve dans un meuble bas encastré sous le lavabo. Lorsqu'elles sont assorties et qu'elles peuvent donc être intégrées au décor sans choquer l'œil, il est aussi possible de les ranger soigneusement et de les empiler (en veillant à ce que les coutures ne soient pas visibles) sur une étagère ouverte. Autre possibilité : les rouler une par une et les disposer dans un beau panier en osier posé sur le sol. Une seule contrainte : la salle de bains doit, dans ce cas, être suffisamment spacieuse.

Les serviettes de bain en cours d'utilisation ne doivent bien entendu pas traîner par terre, ni être négligemment jetées sur le rebord de la baignoire. Elles doivent être accrochées sur un porte-serviettes (à poser ou à suspendre en fonction de la place disponible et de la configuration de la pièce).

Les jouets de bain

Impossible de faire autrement : le petit dernier refuse obstinément de tremper le bout d'un orteil dans la baignoire s'il n'arrive pas à réunir tous les petits jouets – le canard jaune pétant, le petit bateau multicolore et le poisson rouge – autour de lui. Prendre son bain, d'accord. Le prendre en s'amusant, c'est encore mieux !

La grande majorité des jouets de bain ont la fâcheuse manie de conserver l'eau. Une eau savonneuse dans laquelle le bambin a joyeusement trempé. Assez rapidement, ces jouets se salissent et sont envahis par des traces de moisissure. Bonjour l'hygiène ! Il est prudent de réagir dès l'apparition de la toute première petite trace de moisissure car, au bout d'un moment, il devient fort difficile (voire carrément impossible) d'en venir à bout. Et il est bien entendu hors de question de jeter ce petit canot coloré et tout mignon sans lequel il est tout à fait impossible de faire trempette dans la baignoire ! Il y a donc quelques bons gestes à acquérir :

» Vider les jouets de toute leur eau après chaque passage dans la baignoire et les essuyer à fond ;

» Les laver très régulièrement en les entassant dans une taie d'oreiller désormais vouée à ce seul usage et en les passant dans le lave-linge (il s'agit d'un lavage spécifique et il ne faut pas les mélanger à du linge) ;

» Une fois lavés et séchés, il faut les ranger. Pas question d'entrer dans la salle de bains et de trébucher sur un petit canard qui fait « *pouêt-pouêt* » quand on lui marche dessus, ou de shooter dans un petit poisson qui, bien sûr, va filer tout droit sous une armoire et être quasiment impossible à récupérer sans se livrer à une gymnastique dont on se passerait volontiers (et nos articulations aussi !).

» La meilleure solution consiste à les ranger dans un filet qui s'adapte au rebord de la baignoire. Ce type de rangement présente deux avantages. D'une part, il permet de regrouper tous les jouets de bain en un seul endroit et, d'autre part, ce genre de filet permet à l'eau de s'écouler tranquillement dans la baignoire. Ce filet peut être orienté vers l'intérieur de la baignoire lorsque l'enfant prend son bain et vers l'extérieur lorsque c'est un adulte qui s'offre une demi-heure de pure détente (à moins que, ayant conservé une âme d'enfant…).

Les produits cosmétiques et de maquillage

Mascara, fond de teint, eye-liner, crème de jour ou de nuit, vernis à ongles, crème antirides, lotion tonifiante pour la peau, soin pour les cheveux, rouge à lèvres, anticernes, mousse à raser… : la liste des produits cosmétiques disponibles dans le commerce est longue. Très, très longue, les industriels du secteur y veillent soigneusement. Ce qui implique aussi, par la force des choses, que tous ces pots, tubes et autres flacons finissent par s'entasser dans tous les coins de la salle de bains.

Une fois de plus, tout commence par un tri. Et, si possible, un tri sévère ! Inutile de garder *ad vitam* ces produits oubliés depuis longtemps et qui prennent la poussière au fond d'une armoire :

s'ils avaient vraiment une quelconque utilité, ils seraient utilisés bien plus souvent. Inutile aussi de conserver précieusement ces vieux pots dont le fond est desséché et complètement durci. Inutilisable. Inutile encore de garder ces produits achetés sur un coup de tête et qui, en fin de compte, ne plaisent pas plus que ça. Pas question non plus de conserver les produits périmés depuis plus ou moins longtemps.

Un petit pot entraînant un tube, un flacon entraînant un vaporisateur, une grande quantité de produits sans intérêt ou périmés prennent le chemin du sac-poubelle. Et l'espace commence – enfin ! – à se dégager !

Produit périmé, produit jeté

Il est essentiel de trier régulièrement les produits cosmétiques et d'hygiène car, comme bien d'autres produits, ils se périment. Sur chaque produit doit figurer un symbole illustrant un petit pot ouvert marqué d'un chiffre. Exprimé en mois, ce chiffre indique au bout de combien de temps les conservateurs chimiques présents dans le produit n'auront plus d'action effective. Laissant ainsi la place libre à une éventuelle prolifération des bactéries. Celles-ci se développent encore plus rapidement dans les milieux (et donc les produits) contenant de l'eau. Il est donc important de vérifier la composition exacte de chaque produit (cela permet aussi d'éliminer systématiquement les produits cosmétiques et d'hygiène corporelle trop « riches » – si l'on ose ainsi dire – en substances toxiques dangereuses pour la santé). Les personnes qui ont tendance à souffrir de problèmes de peau ou de problèmes oculaires ont tout intérêt à limiter l'usage des produits cosmétiques industriels et, à tout le moins, à les changer régulièrement.

Opération rangement

Le tri une fois effectué, voici venu le moment de tout ranger. Et même de tout ranger soigneusement !

Si la place est suffisante dans la salle de bains, l'idéal est de les avoir à portée de main, en veillant toutefois à les classer par types : les rouges à lèvres et les gloss, les fonds de teint et les poudres, les mascaras et les crayons... Les produits les plus fragiles ainsi que les plus onéreux gagnent à trouver place dans de belles boîtes de rangement. Celles-ci étant ensuite placées sur une étagère ou dans une armoire située au-dessus du lavabo.

En revanche, si la salle de bains est vraiment exiguë et que la place vient à manquer, la seule solution vraiment pratique est de réunir tous les produits dans un grand panier en osier ou dans une boîte qui accueillera aussi les crayons et autres pinceaux.

QUELLE DURÉE DE CONSERVATION POUR QUEL PRODUIT ?

À titre indicatif, voici la durée de conservation moyenne de quelques produits cosmétiques courants. À noter que la durée annoncée vaut pour des produits conservés dans les meilleures conditions.

- Crayon pour les lèvres : jusqu'à 24 mois
- Crayon pour les yeux : jusqu'à 24 mois
- Eye-liner (liquide) : jusqu'à 6 mois
- Fard à joues (en crème) : entre 6 et 12 mois
- Fard à joues (en poudre) : jusqu'à 12 mois
- Fond de teint : entre 6 et 12 mois
- Mascara : entre 3 et 6 mois
- Ombre à paupières (en crème) : entre 6 et 12 mois
- Ombre à paupières (en poudre) : jusqu'à 12 mois
- Rouge à lèvres : jusqu'à 12 mois
- Vernis à ongles : jusqu'à 24 mois

Et les échantillons ?

S'ils sont de plus en plus rares, nombre de marques continuent à distribuer (parfois avec une réelle parcimonie, il est vrai) de petits échantillons. À force de fréquenter les parfumeries et les rayons spécialisés de certaines grandes enseignes généralistes, ces échantillons – dont la durée de conservation est fort limitée – finissent par s'accumuler. Par s'entasser. Et envahir la salle de bains. Où ils finissent souvent complètement oubliés ! Jusqu'au jour où on remet la main dessus. Plus ou moins par hasard. Et comme « c'est bête de les jeter », ils continuent à traîner dans la salle de bains. Même si personne ne les utilise.

Ici aussi, un séreux tri est de mise. Les plus vieux d'entre eux, souvent périmés, prendront le chemin de la poubelle. Les autres peuvent être employés de différentes manières :

- Ils peuvent être rangés dans une petite corbeille mise en bonne place dans la salle de bains afin que toute la famille puisse en profiter ;
- Une sélection d'échantillons peut être glissée dans le sac à main ;
- Une autre sélection peut constituer une sorte de mini-trousse réservée aux courts déplacements ;
- Certains échantillons pourront aussi être laissés à la disposition des visiteurs. Soit dans la chambre d'amis, soit même sur le rebord du lave-mains des WC.

Brosses, limes, ciseaux & Co.

Reste... tout le reste, justement ! Les peignes et les brosses à cheveux, les limes à ongles et les petits ciseaux, les rasoirs et les pinces à épiler, les bombes de mousse à raser et l'after-shave... ainsi que tous ces petits articles qui sont devenus quasiment incontournables dans la salle de bains.

Les peignes, brosses à cheveux, rasoirs, limes, ciseaux et pinces à épiler peuvent être rangés sur une étagère (dans de petits casiers ou gobelets dédiés) ou encore, dans des tiroirs compartimentés.

Brosses à dents et dentifrices seront rangés, bien rincés et rebouchés, dans les gobelets à dents respectifs ; chaque membre de la famille possédant bien entendu le sien.

Le sèche-cheveux, l'éventuel fer à friser ainsi que l'ensemble des accessoires électriques seront regroupés dans une corbeille, elle-même rangée dans un tiroir.

UNE SALLE DE BAINS AU DOIGT ET À L'ŒIL

Et surtout à l'œil d'ailleurs, puisque l'on parle ici des lentilles et des lunettes.

Les premières doivent toujours êtres rangées dans leur boîte d'origine. Les produits d'entretien sont stockés dans une pochette fermée et exclusivement réservée à cet usage (attention : ces produits doivent rester hors de portée des enfants un peu trop curieux). Les secondes doivent toujours être soigneusement rangées dans un étui, à l'abri de la casse et des rayures.

Quant aux vieilles paires de lunettes, il est inutile d'en conserver un plein tiroir ! Tout juste peut-il être intéressant de conserver une seule vieille paire (la plus récente du lot) « au cas où »... Au cas où il arriverait malheur à la paire de lunettes actuelle.

Concernant les autres, encore plus anciennes et donc plus du tout adaptées à la vue, il faut éviter de les jeter purement et simplement. C'est peut-être le geste le plus facile, mais c'est loin d'être le plus constructif. Selon certains chiffres, ce sont plus de 100 millions (!) de paires de lunettes qui sont jetées chaque année en Europe et en Amérique du Nord. Or, même si les montures ne sont plus franchement trendy, elles pourront faire le bonheur de l'une des 200 millions de personnes qui, dans les pays les plus pauvres, ne peuvent pas se payer des lunettes. Autant jouer à fond la carte solidaire et humanitaire concrète. Autant faire d'une pierre deux coups : faire de la place dans ses tiroirs tout en permettant à quelqu'un, peut-être à l'autre bout du monde, de mieux voir (les meilleurs opticiens connaissent les points de collecte des vieilles paires de lunettes).

Les Cotons-Tiges, les disques de ouate et autres petites boules de coton seront rangés séparément dans des contenants en plastique qui seront disposés dans une armoire ou sur une étagère. L'idéal est que chaque contenant soit équipé d'un couvercle afin d'éviter que les Cotons-Tiges, les morceaux de ouate ou de coton ne prennent la poussière.

L'armoire « SOS bobos »

Même s'il ne s'agit pas de la place la plus judicieuse, l'armoire à pharmacie est souvent reléguée dans un coin de la salle de bains. Ce n'est pourtant pas la meilleure place lorsque l'on sait que les médicaments – qu'ils soient naturels ou chimiques – doivent être stockés à l'abri de la chaleur (loin d'un radiateur, par exemple), loin du froid (pas près d'une fenêtre qui reste ouverte pour assurer une bonne aération) et à l'écart de toute humidité (la salle de bains, pièce la plus humide de la maison, n'est donc pas recommandée). Bien sûr, pour d'évidentes raisons de sécurité, elle doit aussi rester hors de portée des enfants.

Quoi qu'il en soit, nombre de ménages finissent tout de même par accrocher une armoire à pharmacie dans leur salle de bains.

La toute première chose à faire est de la constituer judicieusement. En clair : que faut-il y trouver impérativement ? Que faut-il toujours avoir sous la main ?

Familiale et complète

Il n'est bien entendu pas question de transformer la simple petite armoire à pharmacie familiale en succursale de la pharmacie du coin. Inutile de stocker des tonnes de médicaments qui finiront probablement, périmés, à la poubelle (ou, encore mieux, retournés chez le pharmacien qui se chargera de s'en débarrasser dans de bonnes conditions).

Néanmoins, certains articles restent incontournables :

- » Des compresses grasses (ou de l'aloe vera, en cas de légère brûlure) et des compresses stériles ;
- » Des pansements de différentes dimensions ;
- » De l'arnica (utile en cas de contusion, bosse...) ;
- » Un antiseptique non alcoolisé (pour éviter les désagréables sensations de piqûre) ;
- » De l'alcool à 60° ;
- » De l'aspirine (pour les parents et pour les enfants) ;
- » Des médications (si possibles naturelles) contre les troubles digestifs : indigestions, nausées, diarrhées ;
- » Des petits ciseaux à bouts ronds ;

- Un thermomètre médical ;
- Un sérum physiologique (en cas de poussière dans les yeux) ;
- Diverses huiles essentielles de qualité biologique certifiée peuvent utilement compléter l'armoire à pharmacie de la famille.

Périmé, c'est jeté !

Il est bien entendu important – essentiel, même – de vérifier régulièrement le contenu de la pharmacie familiale. Les médicaments dont plus personne ne se sert (pour cause de traitement terminé, par exemple), de même que ceux qui sont périmés, doivent impérativement être retirés de l'armoire et confiés au pharmacien du coin qui s'en débarrassera.

Pharmacie bien rangée, santé préservée

Plusieurs conseils utiles :

- Conservez toujours les médicaments, naturels ou chimiques, dans leur emballage d'origine ;
- Conservez toujours la notice explicative et, le cas échéant, la prescription médicale ou sa copie ;
- Classez les médicaments par membre de la famille (surtout si l'un d'eux doit suivre un traitement spécifique) ou par type de pathologie ;
- Mettez en évidence les médicaments dits « d'urgence » ;
- Affichez sur la face interne de la porte de l'armoire à pharmacie la liste complète des principaux numéros d'urgence.

QUELS NUMÉROS D'URGENCE ?

Voici, sous réserve de changement, les principaux numéros d'appel d'urgence à afficher bien visiblement et lisiblement dans l'armoire à pharmacie.

- » Urgence : 112
- » Samu : 15
- » SOS médecins : 36 24 – numéro national
- » Pompiers : 18
- » Police secours : 17
- » Médecin traitant : ......
- » Pharmacien habituel : ......
- » Médecin de garde : ......
- » Hôpital le plus proche : ......
- » Centre antipoison (pour connaître le numéro le plus proche du domicile : `www.centres-antipoison.net`)
- » Compagnie d'ambulances la plus proche : ......

Des toilettes aux petits oignons

Eh oui ! Il y a des désordonnés tellement « performants » qu'ils arrivent même à créer le chaos dans les toilettes ! Certains n'hésiteront peut-être pas à affirmer que cela tient du prodige mais, en réalité, il n'y a rien de plus désagréable que de devoir piétiner des vieux journaux qui traînent (pas de chance : la grille des mots croisés est déjà faite !) ou d'enjamber un amas de flacons de produits d'entretien chaque fois que l'on doit soulever la lunette des WC.

Bien sûr, il n'est pas question de faire des toilettes la plus belle pièce de toute la maison, mais il y a quand même un minimum à respecter. D'autant que, selon une étude publiée par une organisation américaine, on y passe *grosso modo*... trois ans de notre vie (voire plus si la lecture s'avère passionnante...).

La (double) bonne nouvelle, c'est que cet espace, généralement de taille assez réduite, est non seulement assez facile à ordonner, mais offre aussi bien des possibilités de rangement parfois insoupçonnées.

Petit clin d'œil feng shui

Dans le feng shui, les toilettes sont des espaces qui peuvent perturber les bonnes énergies au sein même de la maison. Il convient de les tenir propres et de ranger tout ce qui est susceptible de les encombrer.

Toujours dans le cadre du feng shui, les toilettes ne doivent pas se situer dans l'entrée de l'habitation, pas plus qu'être adjacentes à la cuisine ou être positionnées en face d'une chambre : en ouvrant la porte des WC, une énergie négative risque d'apporter dans les autres pièces la maladie, des soucis financiers et, d'une manière générale, de la malchance. Il y a cependant moyen de contourner ces « mauvais sorts » en installant un miroir sur la face intérieure de la porte des toilettes (qui réfléchira les mauvaises énergies en les gardant ainsi cloîtrées dans les toilettes), mais aussi en rabaissant systématiquement la lunette, le couvercle et en fermant la porte du WC après usage. Question de feng shui certes, mais aussi simple question d'hygiène et de savoir-vivre.

En version papier

Les rouleaux de papier hygiénique ne doivent bien entendu pas traîner sur le sol, mais être proprement empilés sur un porte-rouleaux prévu à cet usage. Une réserve peut aussi être glissée dans une petite armoire éventuellement suspendue (il est aussi possible d'y glisser discrètement quelques protections périodiques) ou sur une étagère.

Puisque l'on évoque le papier... Le WC se transformant parfois en salon de lecture, il peut être utile (en fonction de la place disponible) d'installer quelques étagères accueillant revues, magazines, bandes dessinées et autres romans permettant de « passer le temps »...

Produits d'hygiène et produits d'entretien

À défaut de place dans d'autres pièces de la maison (la buanderie, le garage, la cuisine), les flacons et petits bidons de produits d'entretien ménager peuvent être stockés dans les toilettes. À condition qu'ils trouvent place dans une armoire fermée (les collections de flacons n'ont rien de franchement esthétique) et qu'ils restent hors de portée des (trop curieux) enfants.

Si les toilettes disposent d'un lave-mains, il est toujours sympa de prévoir une petite corbeille contenant savon, miroir de poche... et éventuellement quelques petits flacons de parfum. Une serviette permettant de s'essuyer les mains après les avoir soigneusement lavées est aussi indispensable (elle est à changer très régulièrement).

Ne pas oublier de prévoir une petite poubelle qui sera très régulièrement vidée, ainsi qu'un vide-poches (histoire de ne pas faire tomber ses clés ou son Smartphone au fin fond de la cuvette des WC).

QUE D'EAU, QUE D'EAU !

Le geste est machinal : lors de chaque passage aux toilettes, on actionne la chasse d'eau. Sachant que ce geste d'apparence anodine est répété entre quatre et cinq fois par jour en moyenne par chaque membre de la famille, cela fait un énorme volume d'eau qui, chaque jour, file directement vers les égouts. Le calcul est assez simple : des WC relativement anciens qui utilisent 18 litres d'eau par cycle font alors culminer la consommation annuelle aux environs de 30 000 litres, tandis que des WC plus modernes et moins gourmands en eau, qui utilisent 6 litres d'eau par cycle, aboutissent à une consommation moyenne annuelle de l'ordre de 10 000 litres, ce qui est déjà beaucoup.

Si les WC sont anciens et gourmands en eau, il est souvent intéressant de les changer pour des versions plus actuelles et économiques : la consommation peut ainsi facilement être réduite de 50 à 70 %. C'est toujours ça d'économisé !

Chapitre 10

La buanderie : la maison côté coulisses

DANS CE CHAPITRE :

- **Une pièce qui n'existe pas ?**
- **Bien agencée, bien rangée… bien agréable**

Machine à laver, sèche-linge, cordes servant à étendre le linge, table de repassage, panier de linge sale… Pas de doute : en coulisses, la buanderie est loin – très loin même – d'être la pièce la plus glamour du logis. Et comme les activités qui s'y déroulent passent souvent pour des corvées, c'est une raison supplémentaire pour bien organiser la pièce. Cela permettra de travailler plus efficacement, plus agréablement et plus rapidement. Que des avantages !

Une pièce qui n'existe pas ?

Autant le dire tout de suite : en feng shui, il est préférable que la buanderie… n'existe pas ! Car cette pièce génère habituellement beaucoup de négativité, surtout si elle est en désordre perpétuel.

Souvent transformée en débarras (ce qui est loin d'être sa fonction première), la buanderie s'apparente alors à une pièce où l'on entasse ce qui ne sert plus ou ce qui ne trouve pas place ailleurs dans la maison. Partant, c'est une pièce qui accumule, inconsciemment peut-être, tout ce qui n'a pas été accompli, tous les problèmes qui n'ont pas été résolus. Rien de très joyeux ni de positif là-dedans !

Pour répondre aux préceptes du feng shui, qui passe pour être une « arme » bien-être et un fabuleux outil anti-désordre, l'idéal est d'agencer la buanderie de manière à ce qu'elle ait un impact minimal sur la vie familiale.

Quelques conseils utiles :

» Surtout si elle fait aussi office de débarras, la buanderie ne doit jamais se trouver sous une chambre à coucher, car cela oblige la personne concernée à dormir au-dessus du désordre et d'un *chi* stagnant ;

» Il faut aussi privilégier les ouvertures (fenêtres...), la luminosité et des couleurs appropriées : la pièce doit être lumineuse, joyeuse et bénéfique ;

» Il faut traiter la buanderie comme la salle de bains en veillant, entre autres, à sa parfaite aération (voir chapitre 9).

Ne pas perdre le nord

La buanderie étant, comme la salle de bains, une pièce placée sous le signe de l'élément Eau, il est bien sûr conseillé – dans la mesure du possible, en tout cas – d'harmoniser la pièce avec le *chi* du secteur concerné.

» **La buanderie située au nord n'est pas une bonne solution car la pièce et la direction sont toutes deux sous le signe de l'Eau.** Ce qui est trop. Si la buanderie est positionnée dans le secteur septentrional de la maison, les membres de la famille sont susceptibles de ressentir une désagréable impression de solitude ou d'être tristes. Pour tenter de remédier à ces regrettables effets, il faut peindre la pièce en vert et en marron, y installer des éléments en bois ainsi que des plantes vertes aux feuilles non agressives : tous ces éléments de déco ont tendance à épuiser l'élément Eau ;

» **Si la buanderie est positionnée dans le secteur opposé de l'habitation, soit au sud, elle est influencée par l'élément Feu.** Or, l'élément Eau détruit l'élément Feu. Il y a donc conflit. Les membres de la famille peuvent alors manquer de sociabilité. Solution : peindre la pièce en vert ou en marron et y installer des plantes vertes aux feuilles non agressives afin de relancer l'élément Feu ;

» **La buanderie positionnée au nord-est, au sud-ouest ou au centre de l'habitation est placée sous l'influence de l'élément Terre.** Problème : l'élément Eau et l'élément Terre sont en opposition. Il convient donc d'apporter à la pièce ce qui lui manque, à savoir l'élément Métal (sous la forme de couleur ou de matériau) ainsi que des formes arrondies. À défaut, il y a un risque de perte de vitalité et de mauvaise santé ;

» **Enfin, si la buanderie est positionnée dans le secteur nord-ouest ou ouest de l'habitation, elle est placée dans une zone de conflit entre l'élément Eau et l'élément Métal.** Comme l'Eau a tendance à épuiser le Métal, celui-ci doit être renforcé sous peine de problèmes de conscience ou de problèmes financiers. Mêmes remèdes, donc, que dans la configuration précédente : un apport de couleurs et de matériaux adéquats, ainsi qu'un ajout de formes arrondies.

Bien agencée, bien rangée… bien agréable

Voilà une affirmation qui va en surprendre plus d'un(e) : oui, la buanderie peut être une pièce tout à fait agréable. Certes, ce n'est pas celle où l'on s'installera pour se détendre ou pour bouquiner, mais tout de même. Il y a moyen de transformer cet espace 100 % utilitaire en une pièce où il fait bon faire la lessive ou repasser, par exemple. À condition qu'elle soit correctement agencée et soigneusement rangée !

Le bon agencement

Quel que soit l'emplacement de la buanderie, quelle que soit sa configuration aussi, elle doit être agencée de manière à faire gagner du temps (et donc éviter les déplacements superflus) et à faciliter la vie de celui ou celle qui y travaille.

Les appareils électroménagers et les autres « ustensiles » doivent donc être disposés de manière pratique afin de répondre à l'ordre logique des tâches qui y sont menées :

- Les divers bacs à linge (les bacs de linge sale + un bac de linge propre par membre de la famille) ;
- Un évier ;
- La lessiveuse (avec les produits lessiviels à portée de main) ;
- Le sèche-linge (s'il ne s'agit pas d'un combiné lave/sèche-linge) ;
- Un étendoir ;
- La planche et le fer à repasser (ou la centrale vapeur) ;
- Le petit matériel de couture (avec un siège confortable et une petite table) ;
- La machine à coudre.

Idéalement, les produits lessiviels doivent bien sûr être stockés tout à côté de la machine à laver (sur une étagère spécifique ou dans des paniers en osier, mais toujours hors de portée des enfants) : le détachant, la lessive (de préférence biologique et liquide car elle se dissout rapidement et facilement et ne laisse pas de résidus sur le linge, contrairement à nombre de lessives en poudre) et l'adoucissant. Dans le même ordre d'idées, les pinces à linge et les cintres seront placés à proximité de l'étendoir.

Linge sale vs linge propre

Tout dépend de la place disponible. Au minimum, il faut installer dans la buanderie un grand panier destiné à recevoir le linge sale de toute la famille. Mieux : si la place le permet, disposer plusieurs corbeilles : chaque membre de la famille effectuant lui-même le tri au moment de déposer les vêtements, sous- vêtements... Le linge blanc d'un côté, le linge de couleur dans une autre corbeille, le linge délicat qui exige un lavage à la main (ou un lavage très doux en machine) dans une troisième.

Une fois les vêtements lavés et repassés, ils doivent aussi être répartis dans divers paniers à linge, chaque membre de la famille disposant du sien. À chacun, alors, de ranger ensuite ses propres affaires (et ses affaires propres) dans sa penderie ou son dressing.

Cette manière de procéder, de traiter le linge sale et le linge propre, permet d'éviter de buter dans des amoncellements de linge un peu partout dans la maison : dans les chambres, dans la salle de bains, dans l'entrée... voire aussi au salon pour les plus désordonnés. Il s'agit donc d'une manière aussi simple qu'efficace d'éduquer et de sensibiliser chaque membre de la famille, adulte comme enfant, à l'ordre dans la maison et au respect des autres occupants des lieux.

Salle de couture

Si la buanderie sert essentiellement à laver et sécher le linge, si elle peut aussi faire office de salle de repassage (pourquoi ne pas y installer une radio afin de repasser en écoutant sa musique préférée ?), elle peut aussi tenir lieu de salle de couture.

Bien entendu, pour cela, il faut que l'espace soit suffisant et que la pièce soit agréable : bien aérée, dotée d'un bel éclairage naturel complété par un bon éclairage artificiel et... en ordre !

Si ces conditions sont réunies, une machine à coudre peut agréablement y trouver place, disposée sur une belle table complétée par un siège confortable. Des rangements doivent alors être prévus pour les tissus et tous les petits accessoires qui ont la désagréable manie de s'éparpiller : les boutons, tirettes, rubans, ciseaux de couture, épingles, dé à coudre, enfileur, fils à coudre, mètre ruban...

Pas question de tout amasser dans une seule trousse ou une seule boîte, mais on peut faire preuve d'imagination et d'ingéniosité en jouant la carte de la récup' : des bocaux à confiture vides peuvent accueillir les boutons, un petit bac en plastique perforé sert à ranger les rubans, un joli panier en osier qui traînait jusqu'alors au fin fond d'une armoire peut recevoir dé à coudre, mètre ruban et ciseaux de couture...

5 Espace nuit

DANS CETTE PARTIE . . .

Même si l'on n'apprécie que très modérément de faire la grasse matinée, même si on ne passe pas un temps fou dans la chambre, elle n'en demeure pas moins une pièce essentielle. Et, sans le moindre doute, l'une des plus importantes de la maison. Elle représente un havre de paix, un accueillant refuge placé sous le double signe du confort et de la quiétude. Pour certains, ce sera peut-être coton d'en faire un cocon, mais il est essentiel que la chambre soit (ou devienne…) une bulle aussi pratique que confortable et rassurante. Une bulle au sein de laquelle il est bon de pénétrer tous les soirs.

De même pour la chambre des enfants qui, en règle générale est « la » pièce de la maison qui vit sous l'emprise de la pagaille. C'est « leur » pièce. Leur univers. L'endroit où ils vont dormir. Où ils peuvent étudier et faire leurs devoirs ou jouer. Où ils entraînent leurs copains. C'est encore la pièce où on a parfois un peu de mal à pénétrer sans buter sur un amas de linge sale, poser le pied sur un jouet qui dépasse du lit ou trébucher sur la BD balancée juste devant la porte d'entrée de la pièce. Ce n'est qu'en leur inculquant le plus tôt possible des notions d'ordre, de propreté et de respect (d'eux-mêmes et des autres) qu'ils seront capables de tenir « leur » espace propre, bien organisé et bien ordonné.

Chapitre 11

(Chambre des) parents : mode d'emploi

DANS CE CHAPITRE :

- **Un QG qui respire le calme et inspire la détente**
- **La « chambre de catalogue » pour référence**
- **Le linge de lit**
- **Je n'ai plus rien à me mettre !**

Une fois de plus, la journée a été harassante. Énervante. Stressante. D'un côté, il y a les transports en commun bondés et aux horaires parfois fantaisistes ou « élastiques ». Ou les embarras de circulation, l'impossibilité de trouver une place où stationner sans récolter une prune et les coups de klaxon agressifs et incessants. De l'autre, il y a le boulot. Les tensions avec certains collègues. Le téléphone qui n'arrête pas de sonner. Des réunions interminables et dont l'utilité réelle est souvent sujette à discussion. Des avalanches de mails qui se prétendent tous plus urgents et plus importants les uns que les autres... Stop ! Voilà enfin la fin de la journée. Le moment de rentrer chez soi. De regagner ses pénates. Le moment, aussi, de décompresser, de remiser jusqu'au lendemain les problèmes liés au travail au fin fond des oubliettes de la mémoire. Le moment, enfin, de songer à soi et à ceux qu'on aime.

En fin de soirée, la chambre représente l'ultime étape de la journée. Pour les parents éreintés, elle représente un refuge et – en principe du moins – un fabuleux havre de paix, de quiétude et de sérénité. D'intimité, aussi. Car quoi que l'on puisse parfois en penser, la chambre n'est pas seulement une pièce où dormir. Certes, elle est dédiée au repos et à un sommeil que l'on espère toujours réparateur (et c'est d'ailleurs là l'une de ses fonctions principales), mais pas que... C'est aussi un espace qui doit être voué au confort, à la détente et au bien-être. Un « cocon cocoon », si l'on ose ainsi dire.

Se positionnant comme une bienvenue oasis de calme à l'issue d'une journée épuisante et au sein d'une maison parfois fort (trop) bousculée, la chambre est et reste l'une des pièces majeures de l'habitation. Même si ce n'est pas là que l'on passe le plus de temps. Si elle est bien conçue, bien aménagée et bien rangée, c'est « la » pièce où décompresser et recharger ses batteries.

Un QG qui respire le calme et inspire la détente

Selon certaines estimations, nous passons environ le tiers de notre vie dans la chambre à coucher. Certes, cela veut dire que l'on passe aussi deux tiers du temps ailleurs : dans les autres pièces de la maison, au travail, dans les transports, en vacances, dans les salles de sport et les infrastructures de loisir... Certes aussi, sur ce fameux tiers de vie passé dans la chambre, une bonne part est consacrée au sommeil. Mais qu'importe : la chambre est et reste, pour reprendre l'expression de certains spécialistes, un véritable QG. Le quartier général et principal de la maison. Rien de moins !

Pour les adeptes du feng shui qui prônent l'harmonie et bannissent le désordre, la chambre à coucher permet – une fois détendu et reposé – d'aborder chaque nouvelle journée avec entrain. En outre, elle a une grande influence sur la chance en amour. Si l'énergie, le *chi*, circule harmonieusement dans la chambre, les partenaires trouveront un soutien réciproque et auront une relation couronnée de succès.

Côté jardin

L'arrière du bâtiment est, en règle générale, le meilleur endroit pour aménager la chambre à coucher. Selon les principes du feng shui, on parle du côté « yin » de la maison. Il s'agit de la partie où se trouve le jardin et où ne passe aucune route.

L'espace de repos doit être aussi éloigné que possible des flux d'énergies bruyants tels que, par exemple, l'entrée de la maison, la cuisine et – contrairement à ce que l'on pense souvent – la salle de bains.

Bien agencée pour une plus grande harmonie

La (bonne) position de la porte de la chambre à coucher garantit l'harmonie de ce lieu de repos nocturne. Dans la mesure du possible, elle ne doit se trouver ni dans une ligne directe avec la porte de la salle de bains, ni en face d'une autre porte à l'autre bout du corridor. Elle ne doit pas non plus donner directement sur les escaliers.

Que faire si c'est tout de même le cas ? Il est possible d'éviter ce « courant d'air d'énergie » en plaçant un paravent ou une séparation devant la porte de la salle de bains. Dans le corridor, par exemple entre les escaliers et la porte de la chambre à coucher, on peut accrocher un luminaire au plafond ou tout autre objet attirant le regard. Il est important de capter l'attention.

Le lit constitue bien entendu l'élément central de la chambre. Pour un repos agréable et réparateur, il est essentiel que le dormeur n'ait pas la porte dans son champ de vision et que la tête du lit soit appuyée contre un mur ou un élément servant de support et de protection. Sinon, il convient d'éviter les configurations problématiques comme, par exemple, le lit placé sous une fenêtre, contre le mur de la salle de bains, face à une porte, entre deux portes ou encore entre une porte et une fenêtre. Installé sous une poutre, on ne dort pas bien non plus. Les poutres peuvent être voilées avec des étoffes épaisses. Une autre solution consiste à placer le lit parallèlement aux poutres. Les miroirs, armoires garnies de miroirs ou téléviseurs installés en face du lit sont un autre tabou dans la chambre à coucher et de véritables éléments perturbateurs.

Le lit lui-même doit être avant tout robuste et stable. Un matelas à eau ne semble donc pas être un bon choix. Il a toutefois d'autres avantages et est souvent très indiqué, notamment pour les personnes qui souffrent de maux de dos ou d'allergies de la peau. Le problème vient avant tout de la combinaison de l'eau et de l'électricité sur laquelle le dormeur repose. Car la plupart des lits à eau sont encore chauffés avec des matelas chauffants. La solution est d'installer une minuterie qui interrompt le courant électrique durant la nuit et le remet en route le matin après le réveil. Durant la nuit, le lit ne se refroidit pas de plus d'un demi-degré. Le dormeur a ainsi assez chaud et n'est pas soumis au rayonnement électrique.

Matériaux naturels et couleurs neutres

Des matériaux naturels et des formes arrondies sont toujours à privilégier. On parle ici des armoires, des commodes, des lits en bois naturel... mais aussi du linge en fibres naturelles : tous contribuent au bien-être. Contrairement aux métaux froids et aux matières synthétiques. Les formes pointues ou angulaires sont également défavorables. Les lignes souples favorisent la relaxation et assurent un doux repos.

Au niveau des couleurs, il faut donner la priorité aux teintes neutres mais éviter les motifs, surtout s'ils sont envahissants ou agressifs. Les couleurs vives et les motifs tapageurs n'ont pas leur place dans la chambre à coucher. À l'opposé des couleurs unies qui n'agressent pas l'œil.

À éviter absolument

Si les lits confortables et solides, les couleurs neutres et les matériaux naturels sont à privilégier, d'autres éléments sont en revanche à éviter dans la mesure du possible. Et comme il en va de la détente et de la qualité du sommeil, ce n'en est que plus important.

Parmi les éléments à éviter, il faut surtout mentionner :

» Les lits avec des armatures métalliques ;

» Les vieux matelas avachis ;

- La literie et les tapis en matières synthétiques ;
- Un méli-mélo de câbles sous le lit ;
- Les appareils électriques tels que radio-réveil, couverture chauffante, téléviseur, ordinateur, tablette, Smartphone… ;
- Les lampes de lecture derrière ou au-dessus de la tête du lit ;
- Les cadres massifs ou des armoires murales au-dessus de la tête du lit ;
- Les étagères et les penderies ouvertes ;
- Les miroirs et les armoires garnies de miroirs ;
- Tous les objets aquatiques (aquariums, fontaines d'intérieur…) ;
- Les décorations ou les images agitées, dérangeantes ou agressives ;
- Les couleurs vives et les motifs envahissants.

UNE BONNE LITERIE SINON RIEN

Parmi les choses que les adeptes du feng shui recommandent d'éviter, on trouve les matelas avachis ainsi que les lits à cadres métalliques. Mais comment choisir une bonne literie ?

Le choix entre un matelas mou ou dur dépend du goût personnel de chacun, mais aussi de la corpulence. Plus la pression exercée sur le matelas par le corps est élevée, plus le matelas doit être ferme. Dans tous les cas, les matelas à eau sont à éviter (sauf s'ils sont médicalement recommandés aux personnes connaissant des problèmes de dos), de même que ceux en mousse synthétique. Ceux en laine ou en latex sont préférables.

Le sommier, lui, doit toujours être ferme. À défaut, le matelas, aussi bon soit-il, risque de se déformer rapidement. Enfin, l'oreiller doit être le plus ergonomique possible, relativement ferme et débordant en bas du cou.

La « chambre de catalogue » pour référence

Il n'y a probablement rien de plus agréable que de se coucher dans une chambre qui incite au repos, invite à la détente. Mais pour cela, une condition : il faut qu'elle soit propre et parfaitement rangée. Mouais... Entre l'univers idéal et la réalité, il y a bien souvent une grosse, une énorme différence.

Chaque matin, en effet, c'est une véritable course contre la montre au moment de quitter la maison. Comme des tristes épaves échouées après le passage d'une tornade, les vêtements traînent dans le sillage de celui (ou celle) qui joue le chrono. Faire le lit ? Ne rêvons pas ! Ce n'est pas au moment où l'on grignote une biscotte tout en finissant d'enfiler un pantalon que l'on va se préoccuper de faire son lit au carré, quand même !

Au moment de quitter la maison, la chambre ressemble à un véritable champ de bataille. Ou à une plage désolée après le passage d'un tsunami matinal. Le verre d'eau encore à moitié plein reste posé sur la table de nuit. Draps et couvre-lit (ou housse de couette) sont inextricablement enchevêtrés et gisent moitié sur le lit, moitié au sol. Un magazine ouvert gît tristement, abandonné, sur le sol. Des vêtements sales et chiffonnés s'amoncellent dans tous les coins. Pas vraiment de quoi créer un décor harmonieux. Pas plus qu'un cadre propice à la détente, à la quiétude et à la qualité du sommeil.

L'aspect idéal d'une chambre ?

C'est celui d'une chambre d'hôtel. D'un excellent hôtel multiétoilé où la priorité est donnée à la qualité du service et à la satisfaction du client. Où chaque chose a trouvé sa bonne place et où chaque place accueille un objet qui lui convient. Il est d'ailleurs significatif de constater que les hôtels qui jouent vraiment la carte du confort, voire du luxe, ne proposent généralement pas de chambres surchargées de meubles, bibelots et autres éléments de décoration souvent aussi envahissants et étouffants que superflus. Ça, c'est plutôt réservé aux hôtels qui veulent se donner l'illusion de... Qui veulent faire croire que...

Au contraire, les hôtels qui visent charme, confort et luxe misent plutôt sur des chambres relativement dépouillées (mais pas spartiates, loin de là !) au sens où elles ne sont pas encombrées. Des chambres claires, où il est facile et agréable de se déplacer, de se reposer et de ranger ses affaires. Des chambres où chaque élément est d'autant mieux mis en valeur qu'il n'est pas écrasé par une accumulation contre-productive, par pléthore d'autres meubles ou objets de déco. Exemple à suivre !

C'est aussi celui d'une chambre sur papier glacé. Que l'on découvre dans les plus somptueux magazines de déco. De « life style », comme on aime dire aujourd'hui. Ces chambres qui ne sont jamais encombrées. Où tout est fait pour le plaisir de l'œil et le bien-être de ceux qui l'occupent.

Des clichés, que ces chambres « hors de toute réalité quotidienne » ? Peut-être aux yeux de certains. En tout cas, elles peuvent servir de source d'inspiration au moment de créer la chambre dont on rêve. Attention : pour possible qu'elle soit, cette création ne sera réalisable qu'en tordant le cou à certaines (mauvaises) habitudes et en revoyant tout le système de fonctionnement (et de rangement) de cette fameuse chambre.

Comme on fait son lit, on se couche

Tout le monde connaît cette vieille expression proverbiale : « Comme on fait son lit, on se couche. » Elle serait une sorte d'amalgame entre « la lettre » (dans l'expression « au pied de la lettre ») et « faire le lit de quelque chose ou de quelqu'un ». « La lettre » indique que, lorsque l'on fait mal son lit, on risque de passer une mauvaise nuit (à cause de draps froissés, qui s'entortillent...). C'est alors au dormeur à assumer les conséquences de ce qu'il a fait. Ou plutôt de ce qu'il n'a pas fait : son lit ! D'autre part, « faire le lit de quelque chose ou de quelqu'un » signifie préparer la venue de quelque chose de désagréable, de nuisible, de néfaste, ou favoriser l'arrivée (au pouvoir, par exemple) d'une personne peu recommandable. Là aussi, ce qu'il se passe dépend de ce que l'on a choisi de faire, de laisser faire... ou de ne pas faire.

Voilà pour l'explication de cette expression bien connue. Plus concrètement, elle vise ici à illustrer l'importance de faire son lit chaque matin. Même si l'on est pressé. Même si ça galope dans tous les sens avant de s'engouffrer dans la voiture ou le métro. Même si on s'est levé du pied gauche. Même si l'on est en retard.

Bien sûr, il y en aura toujours pour poser « la » question : à quoi cela peut-il servir de faire soigneusement son lit chaque matin si c'est pour le défaire chaque soir ? Bon, d'accord, chacun a ses habitudes et il se trouve même une poignée de « professionnels » de la santé pour prétendre que faire son lit le matin serait une mauvaise chose, néfaste pour la santé. Il n'empêche...

Cette (bonne) habitude peut vraiment faire toute la différence entre une chambre foutoir et une chambre agréablement ordonnée, entre une nuit exécrable et une bonne nuit réparatrice. Comme pour confirmer cela, une étude publiée en 2010 par la National Sleep Foundation a montré que les personnes qui font leur lit chaque jour ont davantage l'impression de passer de bonnes nuits. En outre, il apparaît aussi que faire son lit peut donner un sentiment de maîtrise de soi pour la journée qui commence.

Par ailleurs, le fait de retrouver un lit fait le soir permet de ne l'ouvrir que pour dormir, et non de l'encombrer abusivement (avec des piles de linge, des magazines...) ou de s'en servir comme d'un espace de jeu ou de travail (avec ordinateur, tablette, téléphone portable...). De cette manière l'endormissement et le sommeil n'en sont que meilleurs.

Enfin, vient la question de l'ordre et du rangement. Le lit étant généralement l'élément principal de la chambre à coucher, celui qui prend le plus de place, le faire chaque matin (ce qui ne prend que deux ou trois minutes) est essentiel pour que la pièce prenne immédiatement un aspect plus rangé, plus accueillant et plus agréable. Une bonne habitude pour bien commencer une bonne journée !

Le linge de lit

Pour d'évidentes raisons pratiques, le linge de lit – taies d'oreillers, housses de couettes, draps – doit être rangé le plus près possible du lit. De cette manière, on sait exactement où il se trouve au moment où l'on en a besoin.

C'est utile lorsque vient le moment de changer les draps, mais aussi en cas d'accident (un verre renversé par inadvertance, par exemple) ou s'il faut changer les draps trempés de transpiration (en cas de maladie).

DES RANGEMENTS ? POURQUOI PAS SOUS LE LIT ?

Si la chambre est vraiment petite et qu'elle manque de rangements, pourquoi ne pas en installer sous le lit ? Il suffit d'y glisser des bacs en plastique, de petits casiers sur roulettes ou des paniers dotés d'un grillage métallique et d'y ranger couvertures, couettes, oreillers de réserve… soigneusement emballés dans des housses individuelles.

Dans le même ordre d'idées, il est aussi possible (si la place le permet) d'installer un joli coffre au pied du lit. Un meuble idéal pour stocker les couettes d'été en hiver et celles d'hiver en été, les oreillers « en rab », la bouillotte qui ne sera sortie qu'au cours des nuits les plus froides de l'année…

Toujours en fonction de la place disponible et de la configuration de la pièce, on peut encore transformer la tête de lit en espace de rangement. Pour cela, il faut la doter de chevets coulissants. Une fois rentrée, personne ne soupçonnera tout ce qui y est rangé. Une fois sortie, elle permet d'y glisser une foule de petits objets (petite décoration…) dont on ne se sert qu'une fois de temps à autre.

Si la chambre est trop petite et qu'il est impossible d'y ranger le linge de lit, la meilleure option consiste alors à ranger toutes les parures de lit (celles de la chambre parentale, de la chambre d'enfants, de la chambre d'amis) dans une armoire à linge réservée à ce seul usage. Pour une raison pratique, cette armoire doit être positionnée à la croisée des chambres (par exemple, dans le couloir de nuit si la place le permet). On y a ainsi facilement accès de toutes les chambres.

Je n'ai plus rien à me mettre !

Chaque matin, comme une scène mille et mille fois répétée, le même scénario se reproduit. La même expression – aussi affolée qu'outragée – est criée à tue-tête : « Je n'ai plus rien à me mettre ! » Plus rien, vraiment ? Alors comment se fait-il que les penderies, les tiroirs et les armoires débordent de pulls, chemises, jupes, pantalons, chemisiers, tee-shirts... ? Est-ce vraiment un cruel manque de vêtements ? Ou est-ce plutôt le fait qu'ils soient rangés en dépit du bon sens ?

Petite leçon de rangement des vêtements.

Faire le tri, et le bon

Comme c'est toujours le cas, un bon rangement commence immanquablement par un bon tri. Histoire de désencombrer ses armoires... et sa tête. En l'occurrence, ce tri doit permettre de diviser les vêtements en trois grandes catégories :

» Les vêtements en bon état ;

» Les vêtements qui, après essai, vont bien ;

» Les vêtements qui plaisent le plus.

La première catégorie (les vêtements en bon état) permet d'éliminer sans la moindre hésitation (ou le moindre remords) ce vieux pull troué, cette chemise complètement élimée, ce gilet usé aux coudes ou cette jupe qui, après tant d'années de bons et loyaux services, finit par ressembler à une tenture informe.

La deuxième catégorie permet de jouer au mannequin. Le moment est venu d'essayer tous les vêtements qui n'ont pas été éliminés à l'étape précédente. Telle veste ou telle chemise est-elle devenue un peu trop étroite (attention à la ligne !) ? Tel pantalon est-il devenu trop court ? Tel pull est-il désormais un peu trop moulant et, pour le dire franchement, beaucoup trop serré ? Telle robe ressemble-t-elle désormais à un sac informe ? Allez zou ! Le tri continue, de manière à ne conserver que les vêtements qui correspondent à la taille, à la morphologie et aux formes de chacun, homme ou femme, en fonction des vêtements.

TROP DE VÊTEMENTS ? PAS ASSEZ DE VÊTEMENTS ? COMMENT SAVOIR ?

La question est difficile : comment savoir si l'on dispose d'assez de vêtements ou pas ? Mettons de côté le cas particulier des accros du shopping qui n'en ont jamais assez et qui, à leurs yeux, n'accumulent jamais assez de vêtements, d'accessoires de mode ou de chaussures. Quitte à les oublier au fond du dressing par la suite.

Quelques petites règles simples permettent de déterminer la bonne quantité moyenne de vêtements à posséder.

- On compte habituellement trois « hauts » pour un seul « bas ». Par exemple : trois chemises pour un pantalon, trois chemisiers pour une jupe…
- Il faut posséder assez de chemises et de tee-shirts pour en changer tous les jours, assez de pulls pour en changer tous les deux jours, assez de jupes ou de pantalons pour en changer tous les trois jours.
- En plus des tenues « de ville » et pour travailler, il est agréable de posséder une ou deux tenues plus relax. Plus cocoon. Super confortables. Qui permettent de rester douillettement à la maison (en évitant l'horrible jogging qui n'a droit de cité qu'à la salle de sport !).
- Une ou deux tenues plus habillées (pour les réceptions, festivités et autres cérémonies) sont aussi intéressantes à posséder.

Troisième et dernière étape. Après les deux tris précédents, ne restent que les vêtements en bon état et qui, après essayage, vont bien. Reste à savoir lesquels plaisent vraiment. Il n'y a aucune (bonne) raison d'encombrer ses penderies ou ses tiroirs avec des vêtements qui ne plaisent plus sous le simple (et mauvais) prétexte que « c'est vraiment trop bête de s'en séparer ». Ce pantalon, cette chemise, cette robe, ce tee-shirt, ce pull... ne plaisent plus ? Ils n'ont désormais plus rien à faire dans les armoires. Ils n'ont plus aucune raison de faire déborder les penderies.

En revanche, il serait vraiment dommage de les jeter. S'ils sont en bon état, il est possible de les revendre dans des boutiques spécialisées dans les vêtements de seconde main ou – encore mieux ! – d'en faire don à des organismes caritatifs qui se chargeront de les distribuer aux personnes qui en ont besoin et qui n'ont pas les moyens de s'offrir des séances de shopping, même dans les enseignes « low cost ».

Opération rangement !

Le tri étant effectué, voici venu le moment de (bien) ranger les vêtements, les sous-vêtements et la lingerie.

Première règle : dans la mesure du possible, il est préférable de ranger tous les vêtements dans un meuble unique (dressing ou penderie), en les regroupant par catégories : les « bas » (pantalons, jupes...) d'un côté et les « hauts » (chemisiers, chemises, pulls, gilets et cardigans, tee-shirts...) de l'autre. Les vêtements plus fins (pyjama, nuisette...) pourront, pour leur part, trouver place dans les tiroirs d'une commode.

Pour le reste, tout dépend du type de vêtements à ranger !

» **Les vêtements qui peuvent être pliés** (les pulls, les tee-shirts...) doivent être empilés sur une étagère de la penderie. Chaque type de vêtement doit être rangé par catégorie (les tee-shirts ensemble, les gilets ensemble...) et – pour ceux qui veulent pousser les choses encore plus loin – par couleur. Une seule précaution : il ne faut jamais empiler plus de quatre ou cinq vêtements les uns au-dessus des autres (des piles plus importantes risquent d'affaisser les vêtements du dessous). Si l'armoire est suffisamment profonde, il est possible de disposer ces vêtements sur deux rangées, l'une devant l'autre (mettre les vêtements les moins utilisés derrière et les plus utilisés devant) ;

» **Les vêtements qui peuvent être suspendus** (les robes, les vestes et les vestons, les chemises et les chemisiers...)

profiteront des cintres pour être suspendus individuellement. Seules les pièces coordonnées peuvent éventuellement être suspendues par deux si la place vient à manquer dans la penderie. Cintres à pinces et porte-pantalons sont à privilégier au moment de suspendre les pantalons (ils ne laissent aucune marque de pliage).

Le rangement par couleur est aussi un type de rangement très prisé par celles et ceux qui privilégient l'ordre dans leurs penderie et tiroirs. Cela permet de s'y retrouver facilement, le matin, au moment de choisir sa tenue. En outre, ce type spécifique de rangement offre un véritable confort visuel.

La lingerie peut être déposée sur des étagères de penderie ou de placards fermés, ou dans des tiroirs exclusivement réservés à cet usage. Le cas échéant, la lingerie sera rangée par parure.

Au rayon des accessoires

Les cravates sont suspendues à un porte-cravates coulissant ou fixé sur la face intérieure de la porte de la penderie ou du placard.

Les ceintures sont suspendues par la boucle à un cintre à crochets ou disposées, enroulées individuellement, dans un tiroir.

Les foulards peuvent être rangés « en vrac » dans de belles boîtes réservées à cet effet ou suspendus à ce que l'on appelle parfois des « cintres à trous ».

« Ciel, mes bijoux ! »

Les bijoux de valeur (montres, bracelets, bagues, colliers, broches...) seront idéalement rangés dans leurs boîtes d'origine, toutes ces boîtes étant ensuite regroupées sur une étagère de la penderie ou dans un tiroir dédié. Les plus précieux peuvent aussi être rangés dans un coffre discrètement dissimulé.

Même s'ils peuvent être sympathiques à porter, les bijoux fantaisie demandent moins de précautions. Un présentoir à bijoux (type main, arbre à bijoux...) convient tout à fait et peut même être joliment intégré à la déco de la pièce. Seul problème : ces objets étant généralement assez volumineux, il faut disposer de la place nécessaire pour les installer et les mettre en valeur.

Plus original : un tiroir détourné. L'idéal est de choisir un tiroir compartimenté, fixé à plat sur un mur. Il pourra accueillir colliers, boucles d'oreilles, bagues fantaisie... et faire partie de la décoration des lieux.

Chapitre 12

La chambre en version junior

DANS CE CHAPITRE :

- **Une chambre, des zones**
- **Aux rayons jouets**
- **Page de lecture**
- **Et les vêtements ?**
- **La zone d'étude et de travail**
- **La chambre de bébé**

La chambre des enfants est ce que l'on peut appeler une pièce « à part » dans la maison. Dans l'immense majorité des cas, elle sert de chambre à coucher, de salle de jeux, de bureau et d'espace de détente. Faut-il vraiment préciser qu'avec autant de fonctions différentes (et pas toujours compatibles entre elles, qui plus est), mais aussi avec le sens inné du désordre propre à la plupart des bambins, la chambre d'enfant est la pièce-pagaille par excellence ?

Même si, dans le cadre d'une bonne éducation, il est normal d'inculquer de solides notions de rangement, de propreté et d'ordre aux « chères petites têtes blondes », il n'est cependant pas question de transformer leur chambre, leur espace, leur refuge en une sorte de chambre-musée où personne n'ose plus bouger. Où personne n'ose plus déplacer le moindre jouet ou la moindre bande dessinée. Un chouia de fantaisie et un soupçon de tolérance sont de mise… à condition de rester dans les limites du raisonnable, bien entendu.

Il n'est pas question de retrouver les manettes de la console de jeux enfouies sous un amas de draps froissés qui dégringolent du lit et se répandent sur la moquette. Pas question non plus de ne plus pouvoir ouvrir complètement la porte, bloquée qu'elle est par un immense tas de vêtements sales jetés dans un coin… et abandonnés au bon vouloir de maman. Pas question encore de trébucher sur un jouet ou de piétiner une BD pour pouvoir aller d'un bout de la chambre à l'autre. Il y a des limites à ne pas franchir. Et à ne jamais laisser franchir aux enfants, même s'ils font la mauvaise tête au moment où résonne le terrible mais ô combien justifié « va ranger ta chambre ! » (voir chapitre 3).

Une chambre, des zones

Du fait de sa multitude de fonctions et d'utilisations, la chambre des enfants est une pièce particulièrement difficile à ranger. Il existe cependant une méthode simple et très efficace pour y arriver : subdiviser la chambre en plusieurs zones. Chaque zone est alors dédiée à une activité spécifique, ce qui permet d'éviter la confusion et le mélange des genres qui conduisent inéluctablement au désordre le plus total.

On parle ici d'un espace sommeil, bien sûr, mais aussi d'une zone réservée au rangement des vêtements, une zone ludique dédiée aux jouets, une autre réservée aux livres et aux bandes dessinées et un petit espace bureau. Sans oublier les bébés qui auront aussi leur zone dite d'éveil et de motricité.

Les psychologues spécialistes de l'enfance sont par ailleurs assez unanimes à reconnaître que cette judicieuse répartition par zones est excellente pour les enfants. Elle les rassure et leur permet de se détendre. Elle leur offre des repères fiables et permet la création de routines – ce que les enfants adorent, contrairement à ce que pensent certains parents trop laxistes, désordonnés ou démissionnaires. Enfin – et là n'est pas le moindre avantage de la subdivision de l'espace en zones thématiques –, le fait que la pièce soit en ordre permet aux enfants de retrouver facilement leurs affaires (qu'il s'agisse de vêtements, de livres, de jouets, par exemple). Ce qui évite bien des cris et des crises dont tout le monde se passe volontiers.

DE BONNES HABITUDES LE PLUS TÔT POSSIBLE

Complémentairement à la division de l'espace en zones, une autre méthode permet de créer et de préserver un ordre durable dans la chambre des enfants : les conscientiser et les responsabiliser.

En clair, il est vivement conseillé de leur apprendre, dès qu'ils en sont capables (c'est-à-dire vers 5 ou 6 ans), à ranger leurs vêtements, faire leur lit, ranger les livres et jouets, garder leur bureau en ordre… Bien entendu, cet apprentissage sera d'autant plus rapide, facile et durable que des systèmes simples et bien adaptés à chaque âge auront été mis en place (notamment des rangements à leur hauteur).

Cette responsabilisation, cet indispensable apprentissage du rangement (et donc du respect des choses, des autres et de soi), est une excellente manière, *dixit* les meilleurs spécialistes de l'enfance, d'éduquer les enfants. Mais aussi de leur offrir des repères indispensables et de leur assurer un meilleur équilibre psychologique et nerveux. Sur le plan pratique, cela rend aussi le nettoyage régulier de la chambre beaucoup plus facile.

Au rayon jouets

Si la chambre des enfants ressemble à un magasin de jouets après le passage d'une tornade, il est temps – plus que temps ! – de prendre des mesures d'urgence. Et de remettre de l'ordre dans tout ça ! En plusieurs étapes…

Indispensable tri

Il ne faut surtout pas changer une méthode qui porte ses fruits et qui a déjà donné d'excellents résultats dans les autres pièces de la maison : la toute première étape du rangement passe une nouvelle fois par un tri rigoureux. Un tri qui sera peut-être un peu plus difficile à réaliser qu'ailleurs étant donné que les enfants peuvent parfois être les princes de la mauvaise foi, les rois du chantage et les empereurs de la crise de nerfs, cris et larmes à profusion. Qu'importe ! Gentiment mais fermement, ce tri doit absolument être effectué car c'est de lui que dépend le bon rangement de la pièce.

Dans cette optique, on commence par jeter tout ce qui doit l'être :

- » Les jouets cassés ;
- » Les jeux qui ne sont plus complets (les puzzles auxquels il manque des pièces, les jeux auxquels il manque des pions…) ;
- » Tout ce qui ne fonctionne plus (les feutres desséchés ou vides, les crayons qui n'ont plus de mine, les blocs de papier… sans papier, les Bics sans capuchon…).

Comme dans les écoles maternelles

Il est temps, ensuite, de remplir des grands bacs en plastique ou des boîtes en carton avec les jouets qui sont désormais délaissés (parce qu'ils ne correspondent plus à l'âge de l'enfant, parce qu'ils sont passés de mode…). Ces jouets sont alors répartis en deux grandes catégories :

- » Les jeux et jouets que l'enfant veut garder comme souvenirs. Ils ne méritent plus d'encombrer la chambre, mais ne doivent pas non plus être donnés ou jetés. Ils peuvent prendre le cap de la cave ou du grenier, soigneusement emballés pour ne pas prendre la poussière ;
- » Les jeux et jouets qui peuvent être offerts à d'autres enfants, donnés à des organismes caritatifs ou revendus en seconde main.

Restent maintenant les jouets avec lesquels l'enfant s'amuse encore des heures durant. Pas question de les laisser traîner n'importe où dans la pièce. Le plus simple est de se référer aux rangements utilisés par la plupart des crèches ou des écoles maternelles, à savoir des casiers faciles à ranger et simples à utiliser (plus c'est simple, plus l'enfant s'en servira), munis de poignées (ils sont plus maniables et plus faciles à bouger ou à transporter) et disposés sur des étagères à hauteur des enfants. Chaque casier est destiné à recevoir un type spécifique de jouets : les peluches, les petites autos miniatures, les poupées et leurs accessoires, les jeux d'éveil, les jeux de société, les jeux de construction, les « petits jeux » (billes…), entre autres.

LE COFFRE À JOUETS : UNE FAUSSE BONNE IDÉE

A priori, le coffre à jouets semble être une excellente option pour ranger l'ensemble des jouets qui encombrent la chambre. Il est vrai qu'une fois fermé, il donne une forte impression de rangement, mais… Mais, à moins d'être équipé de charnières de sécurité, le couvercle peut se révéler être un dangereux piège à petits doigts ! Par ailleurs, les jouets y sont souvent rangés en vrac et l'enfant doit parfois tout retourner en tous sens afin de retrouver « la » petite voiture avec laquelle il a justement envie de jouer. Conclusion : avec ce système de rangement, le désordre est seulement déplacé de la chambre vers le coffre. Mais désordre il y a toujours, ce qui n'est pas le but de l'opération.

Page de lecture

La même méthode peut parfaitement s'appliquer aux livres et aux bandes dessinées. Comme pour les jouets, un tri régulier doit être réalisé car les enfants ne lisent pas les mêmes choses à 5, à 8 ou à 10 ans.

Les ouvrages trop abîmés (couvertures ou pages déchirées, par exemple) peuvent prendre le chemin de la poubelle. Les livres à conserver en souvenir seront rangés à côté des jouets-souvenirs, à la cave ou au grenier. Les livres qui ne passionnent plus les enfants peuvent être donnés à d'autres familles, proposés à des organismes caritatifs ou vendus en seconde main (en boutiques spécialisées ou sur Internet).

Ici aussi, il est possible de s'inspirer directement des systèmes de rangement utilisés par de nombreuses bibliothèques pour enfants, ainsi que par les écoles : les livres ne sont pas rangés en laissant la tranche visible, mais de face. Cela facilite la lecture du titre et la prise en main. Petit bémol : c'est un rangement qui exige beaucoup de place.

Une option intéressante consiste à privilégier des étagères de rangement à casiers. Il s'agit de modules empilables et combinables qui ont l'avantage de pouvoir être installés le long d'un mur, ou encore sous un lit superposé en fonction de la place disponible et de la configuration des lieux.

Et les vêtements ?

Toujours le même procédé à appliquer pour un rangement efficace et durable : trier, jeter, ranger.

Les vêtements tachés, déchirés ou usés iront remplir la poubelle tandis que ceux qui sont devenus trop petits pourront faire le bonheur d'organismes caritatifs ou de familles défavorisées.

Les autres vêtements – à conserver et à ranger – doivent être triés par saison. Cela évite d'encombrer inutilement les placards de la chambre et cela permet parfois d'esquiver certains caprices enfantins (vouloir « ab-so-lu-ment, maman s'te plaît ! » porter un bermuda alors que le mercure avoisine zéro degré est certainement un caprice, mais assurément pas une bonne idée : autant éviter les discussions inutiles et les éventuels pleurs et autres jérémiades).

Dans les penderies et placards

Les chemises, chemisiers et autres blouses peuvent être rangés dans les penderies ou placards de la chambre, sur des cintres adaptés (les cintres destinés aux vêtements d'enfants sont plus petits que ceux destinés à recevoir les vêtements des adultes).

Toujours dans les penderies : les pantalons (idéalement sur des pinces à pantalon), les robes et les jupes.

Juste en dessous, quelques jolies boîtes peuvent accueillir les chaussettes, les culottes...

Sur une étagère ou dans une commode

Sur une étagère ou dans les tiroirs d'une belle commode, les vêtements peuvent être classés par catégories : les pyjamas, les tee-shirts, les shorts, les pulls légers, les gros pulls d'hiver...

En complément, des crochets ou des patères peuvent être installés à bonne hauteur (entre 30 et 40 cm environ). Ils permettront d'accrocher le pyjama en cours d'utilisation et le peignoir.

OÙ RANGER LA LITERIE ?

Idéalement, le linge de lit de chaque enfant doit être rangé dans sa chambre. Au moment de changer le lit, cela permet de mettre rapidement la main sur la nouvelle parure de lit. À défaut, tout le linge de lit de l'ensemble de la famille peut être stocké dans une armoire réservée à cet usage et positionnée à la croisée des chambres (par exemple, dans le couloir de nuit si la place le permet). On y a ainsi facilement accès depuis toutes les chambres.

Le *must* est de posséder au minimum trois parures de lit (complètes et assorties) par enfant : drap plat, drap-housse et taie d'oreiller.

La zone d'étude et de travail

Jouer, c'est sympa. Se reposer dans un lit douillet, ça fait du bien. Ranger ses livres et ses vêtements, c'est génial. Mais la chambre d'enfant est aussi son espace de travail. Là où il apprend à lire, étudie ses leçons (si, si !) et fait ses devoirs.

Surtout dans les plus petits espaces, la zone bureau doit être bien séparée des autres zones de la chambre (zone de repos et zone de jeux) par une cloison éventuellement amovible (type paravent ou panneau coulissant) ou par un bloc d'étagères.

Pour des raisons pratiques, le meuble bureau devrait toujours être modulable, évoluant ainsi en fonction de la taille et des besoins de l'enfant. Un meuble sur roulettes peut être sympa, dans la mesure où il permet d'être nomade au sein de la pièce. Des caissons à tiroirs multiples et à glisser sous le bureau sont une excellente option dans la mesure où ils permettent de ranger énormément de choses : blocs de papier, crayons, fournitures scolaires... Certains peuvent même accueillir des dossiers suspendus (« comme dans le bureau de papa ») permettant le classement des différents cours, des devoirs corrigés et de la documentation.

Le siège du bureau doit être ergonomique, avec une assise réglable en hauteur. Un bon éclairage naturel complété par un éclairage artificiel de qualité (halogène, par exemple) est indispensable. Ne pas oublier une poubelle garnie d'un sac jetable.

PROBLÈME INFORMATIQUE

Installer un ordinateur (ou une tablette) dans une chambre est toujours – sans la moindre exception ! – une mauvaise idée. Tous les appareils électroniques (ordinateurs, tablettes, téléphones portables, télévisions...) sont des éléments perturbateurs qui nuisent au bon endormissement et à un sommeil réparateur. Ils n'ont rien à faire dans une chambre. *A fortiori* une chambre d'enfant, fut-il ado...

Cependant, il n'est pas toujours facile de résister à la pression de ces « chères petites têtes blondes », elles-mêmes soigneusement manipulées par la pub et influencées par les copains qui n'ont pas toujours, il est vrai, une excellente hygiène de vie.

Bref, si un ordinateur doit malgré tout être installé dans cette chambre, il faut veiller à l'installer le plus loin possible du lit et de la zone de repos. Tous les accessoires et périphériques (CD, imprimante, scanner, cartouches d'encre en réserve...) seront rangés à proximité immédiate. Chaque soir, l'ordinateur et ses périphériques devront impérativement être éteints (et pas simplement mis en veille !) afin que l'enfant ne subisse pas les (mauvaises) ondes durant son sommeil.

La chambre de bébé

Bébé possède sa propre chambre ? Super ! Comme il n'est jamais trop tôt pour bien faire, autant placer tout de suite ce bel espace sous le double signe du rangement et de la propreté. Ce n'est pas parce qu'il mouille encore ses langes et parce qu'il fait ses dents que bébé doit vivre dans un indescriptible fouillis !

Un bébé 100 % feng shui

La chose essentielle, la chose la plus importante, est que bébé se sente en sécurité dans son espace. Même pendant les premières semaines de sa vie, il est parfaitement capable de ressentir un espace qui respire le confort, la sécurité, la quiétude et l'harmonie. Et même à cet âge, il est aussi tout à fait capable d'apprécier à sa manière un cocon de douceur. C'est d'autant plus important que si les adultes passent en moyenne un tiers de leur vie dans la chambre, le bébé y passe beaucoup plus de temps, longues siestes aidant.

Une excellente manière d'accentuer ce sentiment de sécurité est d'offrir à bébé un environnement propre, harmonieux, joyeux et… bien en ordre. Une pièce encombrée, trop sombre ou aux couleurs agressives, en perpétuel désordre ne peut que perturber le jeune enfant. Au contraire, une chambre harmonieuse et paisible va l'aider à (bien) se construire.

Palette de peintre

Les couleurs sont très importantes. Toutes les couleurs agressives ou sinistres (noir, rouge, violet, gris…) sont à éviter, de même que le bleu utilisé de manière outrancière : trop de bleu, trop d'élément Eau. On évite !

En revanche, les teintes pastel sont à privilégier : jaune clair, pêche, beige, lilas, orange clair, vert amande… Une petite frise discrète et amusante à mi-hauteur du mur n'est jamais à négliger : elle renforce le côté yang et a un effet rassurant pour le bébé puisqu'elle coupe la hauteur des murs.

Des illustrations sont aussi les bienvenues. Mais pas n'importe lesquelles. Les scènes agressives ou les mangas violents sont à proscrire (comme dans toutes les autres pièces de la maison, d'ailleurs, mais à plus forte raison dans cette chambre). Privilégier les illustrations « bon enfant », les silhouettes un peu « plan-plan », les dessins doux, amusants et rassurants.

Un mobilier judicieusement choisi

Le choix du mobilier est très important. Les matériaux naturels sont toujours à privilégier : un lit en véritable bois (pas du laminé !), des draps en coton bio, éventuellement un tapis en laine... Le rotin et l'osier peuvent également être utilisés à bon escient.

Quel que soit le mobilier (armoire, lit...), les formes douces et arrondies sont à préférer aux angles saillants : elles sont plus sécurisantes pour l'enfant et procurent une atmosphère pleine de douceur.

Le bon emplacement

L'emplacement du lit de bébé est également essentiel. Il y a des positionnements à éviter à tout prix :

- » Sous une fenêtre ;
- » Au milieu de la pièce ;
- » Sur le chemin entre la porte d'entrée de la chambre et une fenêtre (le *chi* est trop puissant sur cet axe).

Idéalement, la tête de lit doit être placée contre un mur. Cela renforce le sentiment de sécurité, indispensable à l'équilibre de bébé. Du lit, il doit avoir une vue sur la porte d'entrée dans la pièce (pour ne pas être pris « par surprise »). Encore mieux : afin de renforcer ce sentiment de sécurité, placer la tête et un côté du lit dans un angle de la pièce, chacun contre un mur.

Tout ranger

Peluches, baignoire, jouets, matériel à langer... Il y a plein de choses à ranger dans la chambre de bébé. Au travail !

La petite baignoire en plastique destinée au bain de bébé doit être soigneusement nettoyée après chaque usage, puis rangée à la verticale (si possible dans la salle de bains) afin de la faire sécher.

Les jouets de bain (voir chapitre 9) doivent aussi être nettoyés régulièrement, soigneusement séchés, puis rangés dans une petite corbeille en osier ou dans un filet suspendu au-dessus de la baignoire (grâce à une ventouse, par exemple).

Le matériel à langer (table à langer, couches, crème, vêtements de rechange...) doit toujours être regroupé et à portée de main. L'idéal est de ranger les couches et les crèmes sous la table à langer. Même chose pour une petite poubelle destinée à recevoir les couches sales : inutile de traverser toute la maison avec une couche souillée en main !

- » Certaines tables à langer se révèlent extrêmement pratiques : elles peuvent évoluer en meubles à portes, idéals pour le rangement. Plus tard, ces meubles pourront éventuellement être glissés sous des lits superposés.
- » Les peluches peuvent être rangées dans des bacs en plastique ou – beaucoup plus joli et sympa – dans des casiers en bois ou en osier glissés sous le lit à barreaux.
- » En cas de manque de place, ces peluches peuvent aussi trouver place dans un hamac fixé aux murs de la chambre. C'est une excellente manière d'éviter l'encombrement au sol tout en ajoutant une originale touche décorative à la pièce.

LE CHIFFRE KUA POUR UNE BONNE ORIENTATION

Pour choisir la meilleure orientation du lit de bébé, il faut se référer à sa date de naissance et à son chiffre Kua.

Le chiffre Kua n'a rien à voir avec la numérologie ou l'astrologie telle qu'on la connaît en Occident. Il sert à déterminer les directions personnelles (positives et négatives) pour choisir une maison, ou encore pour se positionner dans la maison. Il est aussi incontournable lorsqu'il s'agit de savoir à quel élément (Eau, Terre, Feu, Bois ou Métal) une personne est rattachée. Les inconditionnels du feng shui estiment, peut-être à juste titre d'ailleurs, que ce chiffre – et donc les bons positionnements – contribue à donner le meilleur départ dans la vie à bébé. Il aide aussi à ordonner sa chambre.

Il se calcule sur la base du sexe (masculin / féminin) et de la date de naissance dans le calendrier solaire (ou chinois). Pour éviter d'entrer dans de longues explications ou de se lancer dans des calculs savants, il est possible de se référer à différents sites Internet qui calculent avec précision ce fameux chiffre Kua.

Comment calculer votre chiffre Kua ?

Pour les hommes : additionnez les deux derniers chiffres de votre année de naissance. Si le nombre est composé de deux chiffres, additionnez-les aussi. Puis retranchez ce chiffre du nombre 10. Exemple : 1985 --> 8 + 5 = 13 --> 1 + 3 = 4 --> 10 - 4 = 6

Pour les femmes : additionnez les deux derniers chiffres de votre année de naissance. Si le nombre est composé de deux chiffres, additionnez-les aussi. Puis ajoutez le nombre 5 au résultat obtenu. Exemple : 1985 --> 8 + 5 = 13 --> 1 + 3 = 4 --> 5 + 4 = 9

Les exceptions : l'année chinoise commençant vers le 4 février, ceux qui sont nés entre le 1er janvier et le 4 février doivent prendre comme année de référence celle qui précède leur année de naissance. Par exemple : vous êtes né le 20 janvier 1970, votre année de référence est 1969. D'autre part, le calcul est différent si vous êtes né(e) après 2000. Si vous êtes une femme, additionnez 6 (au lieu de 5). Si vous êtes un homme, retranchez de 9 (au lieu de 10).

Les chiffres de 1 à 9 désignent huit catégories de personnes, réparties en deux groupes. Seul le chiffre 5 n'existe pas, il est remplacé par le 8 pour les femmes et le 2 pour les hommes. Le système du chiffre Kua permet de déterminer les quatre directions favorables et les quatre directions

LE CHIFFRE KUA POUR UNE BONNE ORIENTATION *(suite)*

défavorables de chaque personne. Pour les chiffres Kua 1, 3, 4, 9, le lit de bébé doit être orienté au sud, au nord, au sud-est ou à l'est ; pour les chiffres Kua 2, 6, 7, 8, il doit être orienté à l'ouest, au sud-ouest, au nord-ouest ou au nord-est.

6 De la cave au grenier

DANS CETTE PARTIE . . .

Voilà les mal aimées de la maison ! Cave, grenier ou garage reçoivent bon gré mal gré tout ce qui ne trouve plus place dans les autres pièces de la maison. Autant dire que ces pièces accumulent tout et n'importe quoi ! Des pots de peinture largement entamés, pléthore de clous et de vis mélangés, des vieilles archives qui remontent à… mais à quand, au juste ?, des caisses entières de vieux jouets en plus ou moins bon (ou mauvais…) état, des piles bien ficelées de magazines jaunis, des outils qui traînent sur une planche de bois faisant office d'établi de fortune…

Dans ces pièces, le désordre a vite fait de régner en maître absolu. Sans partage. Et sans la moindre concession. Une fatalité ? Pas du tout ! Ces « débarras » ne méritent absolument pas de vivre sous l'emprise du foutoir et du chaos. Et puis… À quoi cela sert-il de ranger soigneusement toute la maison, de sensibiliser chaque membre de la famille à une saine organisation, si c'est pour laisser d'autres espaces se transformer en capharnaüms sans nom ? Et avant de prendre un repos bien mérité, quelques pas dans le jardin s'imposent : pas question qu'il soit le seul à être encore en désordre !

Chapitre 13

La cave se rebiffe

DANS CE CHAPITRE :

- **Optimale ? Pas toujours**
- **Meubles, archives...**
- **Cave gourmande et gouleyante, merci Bacchus !**
- **Spécial bricolo**

Reléguée dans les tréfonds de la maison, la cave se présente plus comme un miroir aux oubliettes que comme un miroir aux alouettes. Un peu à l'instar du grenier, c'est l'un des parents pauvres de l'habitation. Souvent sombre, généralement peu ou mal aérée, parfois humide, elle ne semble pas avoir tout pour plaire. Et pourtant... Dans des habitations qui, prix du mètre carré aidant, deviennent sans cesse plus exiguës, la cave conserve plus que jamais son utilité. Certes, contrairement à jadis, elle ne sert plus que très rarement à stocker les légumes pour l'hiver ou à aligner les bocaux de conserves faites maison, mais il n'empêche : tout le monde serait bien embêté si cet espace de stockage venait à manquer. Où relèguerait-on ces vieux meubles qui n'ont plus droit de cité dans le salon ou la chambre, ces caisses pleines de tout et – surtout – de n'importe quoi, ces précieuses bouteilles de vin, ces outils dont on se sert le moins possible... et tous ces objets qui n'ont peut-être plus d'utilité réelle mais dont on a beaucoup de mal à se débarrasser ? Après tout, « on ne sait jamais »...

Optimale ? Pas toujours

Il faut être très clair : la cave n'est pas toujours le meilleur endroit où déposer de (précieuses) archives, stocker des caisses de vieux bouquins, ranger un matelas de réserve, laisser traîner quelques vêtements ou remiser un lot d'anciennes tentures.

Sombre et humide

Parfois sombre, parfois mal aérée, la cave souffre souvent d'un problème encore plus important : l'humidité. Si l'air ne circule pas dans la pièce, cette satanée humidité en profitera pour envahir les lieux. Et avec elle apparaîtront quelques détestables petites bestioles (on a alors bien du mal à respecter l'indispensable biodiversité !) et autres moisissures. Avant que l'on s'en rende vraiment compte, la cave devient au mieux un endroit malsain, au pire une pièce inutilisable.

HYGROMÉTRIE

Pour connaître le taux d'humidité d'une cave, rien ne vaut un hygromètre que l'on trouve dans les meilleurs magasins de bricolage. Il indiquera clairement et avec précision le taux d'humidité dans la pièce. Si celui-ci est supérieur à 65 ou 70 %, il y a vraiment un gros problème et il est temps de réagir avec efficacité.

Il est donc très important d'assurer une parfaite ventilation de la cave avant d'y entreposer quoi que ce soit. Même ce vieux meuble qu'on ne sait plus où fourrer. Même cet horrible vase offert par la tantine préférée (ce n'est pas pour ça qu'elle a bon goût). Même ces bouquins mille et une fois lus et relus, que l'on connaît presque par cœur et qui n'ont plus les honneurs de la bibliothèque.

Dans la majorité des cas, la création d'une bonne ventilation est à la portée du premier bricoleur venu. Pas besoin de faire appel à un architecte ou de convoquer l'entrepreneur du coin. Plusieurs options peuvent être envisagées. Soit la pose de grilles d'aération intégrées dans les fenêtres ou les portes, soit une ventilation mécanique (l'air vicié est aspiré par un ventilateur qui, dans l'autre sens, amène de l'air frais). Quel que soit le système envisagé, une bonne aération de la cave est primordiale.

Le paradis des rongeurs

L'autre problème récurrent des caves est la présence possible de rongeurs. Des bestioles en principe assez petites mais dotées d'un appétit féroce.

Souvent, on pense que ce problème est directement lié à un environnement champêtre, voire campagnard. Erreur ! Grossière erreur ! Selon les données disponibles les plus récentes, on compte en moyenne... deux rats par habitant dans les agglomérations urbaines. Quand on en aperçoit un par hasard, on peut être sûr qu'il y en a un ou deux qui passent inaperçus. Au moins. Et quand on dit un ou deux... Que ce soit en pleine campagne ou en milieu urbain, les rats se reproduisent à toute allure : un seul couple peut avoir jusqu'à cinq portées par an, chacune d'entre elles totalisant entre huit et dix petits. Et la souris – si mignonne lorsqu'il s'agit d'une peluche ! – se reproduit encore plus vite.

Surtout actifs la nuit, les rats (et les souris) s'attaquent à peu près à tout ce qui se trouve à leur portée. On peut leur reconnaître une qualité : au moment de passer à table, ils ne se montrent vraiment pas difficiles. Ils feront un festin de papiers et de cartons (archives, livres, magazines, photos...), mais ils ne dédaigneront jamais une appétissante tenture ou un gouleyant tee-shirt. Ils pourront même s'en faire un petit nid douillet. Les plus gourmands n'hésiteront pas à se faire les dents sur l'une ou l'autre cloison, ou encore sur le vieux buffet de grand-mère qui traîne depuis des années au fond de la cave.

Quand le chat est là...

Le meilleur moyen de lutter efficacement et naturellement contre les rongeurs ? Un chat ! Un chat qui se montre souvent beaucoup plus efficace (et nettement plus câlin) que n'importe quel produit hyper toxique aussi dangereux pour les rongeurs que pour les animaux de compagnie ou les humains (notamment les enfants qui se montrent parfois un peu trop curieux ou gourmands et qui n'hésitent pas à se lancer dans de dangereuses expériences dans le dos des parents).

Les produits qui se vantent d'avoir une action immédiate contre les rongeurs sont à éviter dans tous les cas de figure. Ils se montrent en effet plus efficaces pour vider le portefeuille des consommateurs qui se laissent berner par des publicités mensongères que pour se débarrasser des bestioles. Le rat est en effet beaucoup plus intelligent que les fabricants de ces produits d'une exceptionnelle inutilité : s'il se laisse prendre, il établit immédiatement le rapport entre le produit et son état. Et il en avertit aussitôt, par ultrasons, ses petits camarades. Qui ne se laisseront bien sûr plus prendre au piège !

ÇA SENT L'EUCALYPTUS...

Une autre idée intéressante pour se débarrasser des souris sans cruauté inutile, sans nuire à la biodiversité ni recourir à des produits hautement toxiques : verser une ou deux gouttes d'huile essentielle d'eucalyptus sur de petites boules de ouate, puis disposer celles-ci sur le chemin habituellement emprunté par les petits rongeurs. Ceux-ci ont horreur de l'odeur de l'eucalyptus et rebrousseront chemin sans demander leur reste.

Meubles, archives...

Ça y est ! La cave est assainie, bien aérée et débarrassée de toute humidité. Et les rongeurs ne sont plus qu'un lointain souvenir. On peut commencer à y stocker pas mal de choses et à utiliser ce formidable espace au mieux de ses possibilités.

Si la place le permet, il est possible de ranger divers meubles inutilisés dans la cave (éventuellement en attente d'être donnés à un organisme caritatif, vendus en seconde main dans une boutique spécialisée ou sur Internet ou offerts à l'ado qui quitte le nid et qui s'installe seul – et sans le sou ! – dans son premier petit studio) : un vieux buffet passé de mode, un canapé qui a connu des heures plus glorieuses, une table de cuisine « vintage » en Formica... L'idéal est de recouvrir chaque meuble d'une couverture (type couverture de déménagement).

Même dans une cave saine et même sous couverture, il n'est pas conseillé de remiser tous les vieux meubles à la cave. À éviter absolument : les meubles en marqueterie et les meubles laqués.

À côté des meubles peuvent venir s'installer les archives de la famille : les piles d'extraits de compte bancaire, les anciens contrats d'assurance… et tant d'autres paperasses qui s'accumulent immanquablement au fil des ans. Avant de leur faire prendre le chemin de la cave, il est bon de les trier et de jeter tout ce qui doit l'être (pour savoir quels documents doivent être conservés et pendant combien de temps, se reporter au paragraphe « Être bien dans ses papiers » au chapitre 5).

Une fois bien classées (tous les extraits bancaires ensemble, par ordre chronologique, les contrats d'assurance ensemble et par ordre chronologique…), les archives familiales seront rangées dans des casiers étanches en plastique, eux-mêmes soigneusement étiquetés.

Cave gourmande et gouleyante, merci Bacchus !

Parents et grands-parents le savaient bien : si elle est saine et bien ventilée, la cave est un endroit idéal pour installer un cellier ou un garde-manger. La fraîcheur et l'obscurité qui règnent dans cette pièce lui permettent de conserver longtemps, dans de très bonnes conditions, nombre d'ingrédients et d'aliments. Cette tradition qui semble remonter au Moyen Âge et qui a largement fait ses preuves pendant de longs siècles est une excellente manière de réduire sa dépendance vis-à-vis d'un réfrigérateur qui n'est d'ailleurs pas toujours bien utilisé.

Un bac en bois peut accueillir une fameuse réserve de pommes de terre. Des étagères solidement fixées au mur permettront d'aligner les pots de confitures et de conserves maison aux saveurs à nulles autres pareilles. Bien des légumes posés sur des claies se conserveront mieux et plus longtemps que dans le bac à légumes du réfrigérateur.

LES SEPT RÈGLES D'OR DE LA BONNE CAVE À VIN

Enterrée, dans un garage ou une cave, ou sous forme d'armoire, une bonne cave respecte toujours ces sept règles de base :

1. Une température constante. Les changements de température brusques « cassent » le vin. La perfection se situe sans doute autour de 11 ou 12 °C. Une cave chaude fait vieillir le vin plus rapidement, mais la stabilité de la température est plus importante que la température elle-même.

2. Une hygrométrie suffisante. Elle doit être de l'ordre de 70 à 75 %. Une atmosphère sèche est le plus grand ennemi de la cave : les bouchons se dessèchent, les vins coulent.

3. Une aération parfaite. Une bonne cave n'a pas de courants d'air desséchants mais est bien ventilée pour éviter les moisissures.

4. Aucune vibration. Métro, machine à laver, train... : les vibrations remettent les précipitations en suspension dans la bouteille et empêchent le vin de bien décanter.

5. Aucune odeur parasite. Peinture, oignons, poireaux, charbon, white spirit... sont à proscrire car le vin est une éponge à odeurs.

6. Aucune lumière. Une ampoule douce ou une bougie sont à préférer à des néons. Il faut aussi empêcher la lumière d'entrer par les soupiraux à l'aide d'une planche, par exemple. Une lumière trop forte risque d'endommager le vin, surtout le blanc.

7. Un bon investissement. Souvent non écrite mais pourtant solidement établie, cette règle veut que, quel soit l'investissement réalisé, il ne doit pas dépasser la valeur des bouteilles.

Cependant, lorsque l'on prononce le mot « cave », on pense généralement à la très gouleyante cave à vin.

Le but de cet ouvrage n'est pas de donner des informations sur la manière de constituer une cave à vin agréable, si ce n'est idéale. À chacun ses flacons préférés en fonction de ses goûts personnels... et de ses finances. En revanche, il est intéressant de savoir comment bien organiser cette cave « pas comme les autres » afin de ne pas devoir retourner toutes les bouteilles juste au moment où les invités commencent à mourir de soif et qu'ils attendent le maître des lieux le tire-bouchon à la main.

Pour utiliser une cave en tant que cave à vin, plusieurs critères doivent être vérifiés. Et réunis :

- » Une pièce sombre (la lumière a tendance à « casser » le cycle de maturation du vin). Une bonne aération, pas trop forte mais constante ;
- » Une température optimale (généralement entre 10 et 14 °C) ;
- » Un taux d'humidité avoisinant les 70 %. Plus basse, l'humidité risque de dessécher les bouchons, qui ne protégeraient donc plus le précieux nectar ; plus haute, elle endommage les étiquettes et favorise l'apparition de champignons odorants.

Pour vieillir heureuses, vivons couchées

Il existe de nombreuses manières de ranger et de stocker les bouteilles de vin. Notamment des casiers en fer, en plastique, en argile, en pierre ou en bois. Sans oublier un lit de sable qui, en jouant un rôle de tampon, a l'avantage de bien protéger les précieuses bouteilles contre les variations de température, l'humidité et même les vibrations.

Les casiers en plastique sont les moins onéreux. Certains vrais amateurs affirment même qu'ils sont terriblement « cheap ». Comme matériau noble pour accueillir de nobles flacons, il y a mieux. Et ils ne sont pas toujours du plus bel effet esthétique, loin de là. Mais ils présentent souvent l'avantage d'être encastrables... et l'inconvénient de se détériorer à toute vitesse. Ils ne sont pas chers, certes, et on en a pour son argent.

Les casiers en fer sont à éviter, surtout si la cave est soumise à des vibrations (passage de camions à proximité immédiate, présence du métro, machine à laver le linge...).

Les casiers en bois sont à privilégier, ils font partie des meilleures solutions pour stocker et ranger les « bonnes bouteilles » (et les autres...). Le contact du bois convient parfaitement à la conservation de tous ces flacons. Le must étant de choisir des casiers en bois de forme alvéolée, de manière à ce que chaque bouteille puisse délicatement se nicher dans un emplacement.

Fixés au mur ou non, ces casiers peuvent être superposés et se déplacent facilement.

QUELQUES RÈGLES POUR LE RANGEMENT DES PRÉCIEUX FLACONS

Voici quelques règles incontournables pour (bien) ranger ses bouteilles :

- Les vins à boire devant ;
- Les vins à garder au fond ;
- Les vins blancs en bas ;
- Les vins rouges en haut ;
- Pour les vins en caisses bois, les laisser dans leur emballage.
- L'humidité est une donnée vitale pour le vin, afin de protéger l'étanchéité du bouchon. Entre 70 et 90 % d'hygrométrie, voilà l'idéal. Pas assez humide, le bouchon séchera et laissera passer un peu d'air, ce qui tuera à petit feu le liquide si précieux ;
- Appliquer la règle des trois tiers : un tiers de vins à boire immédiatement, un tiers de vins de moyenne garde à boire dans les deux à cinq ans, un tiers de vins de longue garde, à conserver au moins cinq ans.

La tenue d'un livre de cave est intéressante car cela permet de tenir à jour un inventaire précis des bouteilles, ainsi qu'un rangement parfait. Qu'il se présente sous la forme d'un superbe cahier relié cuir ou d'un simple tableau informatique (ce qui est nettement moins glamour !), ce livre de cave se doit de reprendre toute une série d'informations utiles à l'œnologue débutant ou averti : le nom du vin, l'origine (pays, région), le millésime, l'année au cours de laquelle le boire, le nombre de bouteilles (à actualiser lors de chaque ajout ou retrait), l'emplacement exact dans la cave à vin.

Spécial bricolo

À moins d'être un bricoleur (très) averti et de ne pouvoir vivre que le marteau et le tournevis à la main, il n'est pas vraiment nécessaire de consacrer une pièce entière à la création d'un atelier. Pour la plupart des personnes, un simple espace réservé dans la cave suffit amplement à ranger tout l'outillage et à laisser un peu de place pour assouvir son besoin de bricole.

L'outillage indispensable

D'un côté, on a celui qui va rechigner à acheter le moindre clou, la moindre scie ou le moindre cutter. De l'autre côté, il y a le passionné (ou le maniaque…) qui n'en a jamais assez et qui ne cesse de compléter sa panoplie d'outils, même s'il ne s'en sert pas vraiment. Une fois de plus, tout réside dans un juste équilibre. Bien sûr, les deux approches sont légitimes et peuvent parfaitement se défendre. Mais il faut tout de même bien se rendre compte qu'il est impossible d'effectuer certains petits travaux dans la maison sans disposer d'un minimum d'outils. Tout comme, à l'opposé, il n'est pas nécessaire de transformer sa cave en une succursale du magasin de bricolage du coin.

Disponible dans toutes les bonnes quincailleries et dans tous les magasins de bricolage, la panoplie de base du bon bricoleur-maison se compose de :

» **Une perceuse à vitesse variable avec inverseur.** Avec ou sans fil (et donc sur batterie rechargeable), dotée de divers accessoires (forets, mèches…), elle permet de faire des trous, visser et dévisser, décaper… et passe pour être incontournable au moment de s'adonner à ce que l'on appelle parfois le « bricolage domestique » ;

» **Un marteau de menuisier**, de type moyen (c'est-à-dire de 200 à 300 grammes). L'idéal est qu'il soit équipé d'un manche en fibre de verre (ce matériau amortit mieux les chocs que le bois ou le métal) ;

» **Un assortiment de tournevis** cruciformes et à tête fendue ;

» **Une clé à molette.** Elle permet de serrer et desserrer tous les écrous ;

» **Un jeu de clés Allen.** En forme de L, elles sont destinées aux vis à empreintes hexagonales et sont donc indispensables dès que l'on veut monter un meuble livré en kit ;

- **Un niveau à bulle.** Le mieux est de se procurer un niveau qui comprend une fiole moulée verticale, une autre horizontale, mais aussi une troisième à 45° ;
- **Une scie égoïne.** À fines dents et très maniable, elle permet des coupes précises (sauf pour les moins doués…) dans le bois ;
- **Un mètre ruban.** Avec enrouleur et d'une longueur minimale de trois mètres, il est pratique et ne prend guère de place ;
- **Un cutter.** À lames rétractables, il doit être assez solide pour ouvrir sans problème (et sans casser la lame) une caisse en épais carton ou couper du papier peint, pour dénuder des fils électriques…

Atelier bien rangé, bricolage facilité

Comme l'atelier n'est que l'une des différentes zones de la cave, l'avantage est double. D'une part, il s'agit de ne pas disperser outils, clous, planches… D'autre part, de maximiser l'espace dévolu à l'atelier en utilisant à la fois le plafond (pour suspendre certaines choses) et les murs pour installer des étagères ou des panneaux perforés. Un bon éclairage est aussi de mise : pas trop aveuglant, mais suffisant. Une simple ampoule pendue au bout de son fil électrique ne suffit pas, surtout si le travail demande un peu de précision. Des néons ou un éclairage sur rails sont à privilégier.

La plupart des outils peuvent être disposés sur ce que l'on peut appeler un « mur de rangement ». Sur toute la largeur de celui-ci peuvent être fixés des panneaux perforés (ou en grillage d'acier) qui accueilleront, grâce à des supports ou des crochets, les outils les plus divers : marteau, scie, tournevis, tenailles… qui resteront ainsi toujours visibles et faciles d'accès.

Les clous, les vis, les écrous… seront répartis, par catégories, dans des bocaux en verre (d'anciens bocaux à confiture, soigneusement lavés au préalable, conviennent bien). Des contenants transparents permettent de visualiser directement leur contenu.

Le petit matériel annexe (équerre, niveau à bulle, serre-joint, mètre...) peut être rangé dans un petit meuble (éventuellement de récupération : vieille commode...) compartimenté. À défaut (par manque de place, par exemple), un chariot à outils sur roulettes peut également convenir. Pour les bricoleurs (très) occasionnels, une mallette compartimentée en alu ou en PVC est parfaite.

Les pots de peinture entamés, soigneusement nettoyés et refermés, doivent être regroupés sur une étagère, à l'abri de l'humidité, de la chaleur et du gel. Les pinceaux, neufs et usagés (correctement nettoyés et séchés), sont rangés à proximité immédiate de la réserve de peinture. Chaque pinceau est accroché sur un mur grillagé ou perforé (s'ils sont rangés dans un tiroir ou dans une boîte, ne pas oublier de glisser une ou deux boules d'antimite). Près des pots de peinture sont placés les bidons de produits dangereux (toujours loin des denrées alimentaires, du vin et hors de la portée des enfants) : les décapants, vernis, acides... Il est conseillé de les ranger dans la partie la plus haute d'une armoire pouvant fermer à clé.

Tous les produits dangereux doivent impérativement être conservés et rangés dans leur emballage ou dans leur contenant (flacon, bidon...) d'origine. Ils ne doivent jamais être transférés dans d'autres contenants poreux ou cassables.

Chapitre 14

« Je t'attendrai à la porte du garage » (air connu)

DANS CE CHAPITRE :

- » **Feng shui sur deux ou quatre roues**
- » **Un garage (presque) comme une buanderie**
- » **En voiture !**

S'il est parfois considéré comme une annexe (ou comme un remplaçant) de la cave, du débarras, voire du grenier, le garage est en principe essentiellement destiné à abriter la ou les voitures de la famille. Voilà pour la théorie. Dans la pratique, il s'agit souvent d'une pièce polyvalente qui se transforme même parfois en buanderie (on y met le linge à sécher), en salle de jeux (les jours de pluie), en atelier de bricolage (quand celui installé dans la cave se révèle trop petit) ou même en débarras (quand la cave et le grenier commencent à déborder de toutes parts). Dans tous les cas, cette pièce doit être aménagée d'une manière agréable. Ou, du moins, de la manière la plus agréable possible.

Un sol de peinture en résine époxy (éviter les teintes sinistres !) est facile d'utilisation et d'entretien, quelques étagères fonctionnelles et, si la place le permet, une ou plusieurs armoires fermées peuvent aussi être utiles.

Feng shui sur deux ou quatre roues

C'est logique : le garage est surtout associé aux déplacements. En tout cas s'il accueille voiture(s) ou moto(s), ce qui est tout de même sa vocation première. Selon le feng shui, la pièce est porteuse de forces destructrices, perturbe le flux énergétique local et brouille celui qui baigne l'intérieur de l'habitation.

Isoler le garage du reste de la maison

Une bonne solution consiste à isoler le garage du reste de la maison de manière à amortir la perturbation énergétique qui, ainsi, ne se propagera pas (ou beaucoup moins facilement) à l'intérieur de l'habitation.

Dans cette optique, un moindre mal consiste à accoler le garage à la maison, de préférence sans qu'il communique avec elle. Il faut en tout cas absolument éviter que des chambres soient mitoyennes ou situées juste au-dessus (dormir sur le vide engendre insécurité financière et troubles du sommeil). Il n'est pas bon non plus que le garage soit mitoyen de la cuisine, ce qui malheureusement est souvent le cas pour une raison pratique, qui est de décharger les courses. De même, il est vivement déconseillé d'entrer dans la maison en passant par le garage car les mauvaises énergies profitent du passage de la personne pour s'inviter dans l'habitation.

Une solution envisageable consiste à intercaler une pièce peu fréquentée qui jouera ainsi un rôle de tampon : une buanderie, un cellier, une lingerie, une réserve... Il n'est jamais bon que les pièces de vie soient exactement au-dessus du garage car cela donne la très désagréable impression que les voitures se jettent littéralement sur les habitants ou montent à l'assaut des pièces à vivre, apportant une énergie étrangère et nocive.

Un garage (presque) comme une buanderie

Souvent, le garage fait également office de buanderie. Parce qu'une buanderie en tant que telle n'existe pas dans la maison. Parce que la salle de bains n'est pas assez grande pour accueillir machine à laver et séchoir. Cette utilisation est une raison de plus pour garder le garage bien rangé et d'une propreté rigoureuse : il n'y a aucun plaisir (et aucun intérêt) à laver le linge, puis à le faire sécher entre vieux pneus et bidons d'essence, ou dans des relents d'huile qui, contrairement à certains adoucissants, ne fleurent pas franchement la lavande ou le jasmin.

Dans cette « fausse » buanderie, les machines devront être rangées dans un coin spécifique. Au-dessus d'elles, une étagère accueillera l'ensemble des produits lessiviels (hors de portée des enfants), de même que deux grandes corbeilles en plastique (ou, encore mieux, en osier) : une pour le linge sale et la seconde pour le linge propre. Sous l'étagère, il est possible de fixer (solidement !) une tringle qui permettra d'accrocher un certain nombre de cintres, en fonction des lessives prévues.

Produits d'entretien et accessoires de nettoyage

Un espace spécifique sera dédié aux produits d'entretien ménager (bien séparés des produits de bricolage ou de jardinage : surtout, ne pas les mélanger !). Ces produits d'entretien seront conservés dans leurs contenants d'origine, bien fermés, dans une armoire ou sur une étagère, mais en tout cas hors de portée des enfants. Les divers accessoires de nettoyage (lavettes, serpillières, balais, raclettes...) resteront à proximité des produits ; les balais, raclettes... pouvant être suspendus à des crochets fixés au mur.

En voiture !

Tout cela est bien beau, mais la fonction première d'un garage est tout de même d'y garer sa voiture ou sa moto. Du moins quand il ne sert pas (trop) de laverie, de buanderie ou de débarras et qu'il reste encore une (toute petite) place pour le véhicule.

Dimensions optimales

La place, justement... Idéalement, un garage pour une seule voiture doit avoir des dimensions au sol de l'ordre de 5 × 2,50 mètres, pour une hauteur minimale de 2,50 à 2,70 mètres (soit 12,50 mètres carrés). Mieux encore : pour plus de confort, des dimensions au sol d'environ 6 x 3 mètres (soit 18 mètres carrés) sont à conseiller (toujours pour une même hauteur) si on ne veut pas taper les portières dans les murs du garage chaque fois qu'on les ouvre. Des dimensions plus réduites sont vraiment difficiles, à moins de vouloir sortir de sa voiture par le toit ouvrant ou par le coffre, ce qui nécessite tout de même une certaine agilité...

Dimensions supérieures, bien entendu, pour un garage prévu pour deux voitures. Si la hauteur reste identique, les dimensions au sol passent, elles, à 6 x 5,50 mètres (soit 32,30 mètres carrés).

Dans tous les cas, il faut prévoir assez de place pour pouvoir circuler confortablement tout autour du véhicule, notamment si vous voulez aussi ranger dans le même espace un vélo, une tondeuse... Inutile de griffer les flancs du véhicule chaque fois que vous le longez !

Chapitre 15

Le grenier : l'autre île aux trésors

DANS CE CHAPITRE :

- **Comme n'importe quelle autre pièce de la maison**
- **Contrôler l'humidité, assurer une bonne aération**
- **Housses, draps et boîtes**

Nombreux sont ceux qui ont encore – souvenirs, souvenirs ! – de superbes images de grenier en tête. Des grains de poussière qui flottent en suspension dans un rayon de soleil. Un plancher en bois qui craque dès qu'on pose le pied dessus. Des jeux de lumière et d'ombre qui font parfois frissonner. Et ces coffres aux contenus mystérieux mais qui, c'est sûr !, contiennent d'inestimables trésors.

Pour les uns, les plus jeunes, le grenier se transforme toujours en un magnifique espace de jeux qui laisse la porte ouverte à l'imagination sans limite des pirates, contrebandiers, flibustiers et autres aventuriers en culottes courtes. Nostalgie, nostalgie...

Pour les autres, les adultes qui ont posé leur mouchoir sur leur âme d'enfant, le grenier reste avant tout un vaste espace de rangement, parfois un peu difficile d'accès et toujours trop poussiéreux, où l'on range tout ce qui encombre, tout ce que l'on n'a vraiment plus envie de voir. Ce qui est peut-être 100 % pratique, mais fait nettement moins rêver !

Comme n'importe quelle autre pièce de la maison

Les adeptes du feng shui recommandent de traiter le grenier comme n'importe quelle autre pièce de la maison.

L'image classique du grenier est un espace un peu sombre, envahi par les toiles d'araignées et plein d'une poussière qui ne cesse de faire éternuer. Mal isolé, ouvert aux courants d'air glacials de l'hiver mais devenant vite étouffant lors des plus chaudes journées estivales, le grenier n'a pas vraiment une bonne réputation. C'est une pièce que l'on évite de visiter. Et qui, à proprement parler, ne semble pas si feng shui que ça. À tel point qu'il passe parfois pour être l'un des pires espaces de l'habitation. Surtout si l'on vit ou que l'on dort juste dessous !

Tout ce qui ne sert à rien

Dans la grande majorité des cas, le grenier accueille – souvent à son corps défendant – tout... et n'importe quoi. Et, surtout, tout ce qui ne sert plus à rien et qu'on ne sait plus où fourrer ailleurs dans la maison. Tout ce dont on devrait se débarrasser une bonne fois pour toutes – on le sait bien – mais que, pour une raison ou une autre, on continue d'accumuler. Et d'entasser presque en vrac dans le grenier. Des vieux meubles brinquebalants. D'antiques miroirs piqués. Des caisses entières de livres qui, en leur temps, auraient pu faire le bonheur d'un bouquiniste ou d'une bibliothèque. Des cartons pleins de verres des grands-mères, arrière-grands-mères et arrière-arrière-grands-mères. Largement de quoi alimenter la cantine d'un collège. Ou ces anciens cadres cassés entassés dans un coin et cette vieille roue de vélo, orpheline et entièrement piquée de rouille, qui se languit sur le plancher du grenier pour le plus grand bonheur des araignées. Et des piles et des piles de vêtements qui ne seront plus jamais portés... sauf à l'occasion d'un bal costumé peut-être, et encore ! Et tout un tas de vieilleries dont on ne se souvient plus vraiment et que, de toute façon, on aime autant ne pas voir.

Ranger, nettoyer, aérer

C'est bien là le problème. On sait bien que tout cela ne sert à rien. Que ça encombre l'espace inutilement. Mais on laisse les choses en l'état. Que faire d'autre, d'ailleurs ?

Eh bien, la réponse est simple : désencombrer. Trier, jeter, vendre en seconde main, donner. Bref : se débarrasser. Et débarrasser le plancher du grenier par la même occasion.

Car, en l'état, le grenier est totalement nul au niveau feng shui. Et même plus que ça : il est néfaste. Surtout quand on dort juste en dessous. C'est le meilleur moyen pour amasser les problèmes au-dessus de sa tête et (se) créer des soucis en tous genres. Bref, pour voir un jour ou l'autre le ciel nous tomber sur la tête.

Il n'y a pas de remède miracle, il n'y a qu'une seule (bonne) solution : désencombrer le grenier, puis le nettoyer de fond en comble, ranger soigneusement tout ce qui reste (dans des nouvelles caisses en carton, boîtes en plastique, malles... soigneusement étiquetées), puis aérer la pièce le plus souvent possible. Tout cela assurera une bonne circulation de l'énergie, ce qui n'est jamais à dédaigner.

Contrôler l'humidité, assurer une bonne aération

Assurer une bonne aération du grenier n'est pas seulement bon pour le feng shui. Ça l'est aussi pour tous les objets – meubles, livres, vêtements, ou encore bibelots – qui y sont stockés. Car, quitte à en conserver certains, autant qu'ils ne sentent pas le moisi ou qu'ils ne soient pas piqués de rouille.

Bonne nouvelle ! À moins que la toiture ne soit vraiment en très mauvais état et que son plancher ne soit parsemé de vieilles casseroles qui se remplissent d'eau de pluie à chaque averse, le grenier est généralement une pièce assez saine. Par mesure de précaution, il est cependant utile de mesurer le taux d'humidité afin de savoir ce qu'il est possible d'y stocker. Ou pas... Pour cela, un hygromètre électronique servant à mesurer le taux d'humidité d'une pièce est idéal. Par la même occasion, autant vérifier aussi l'isolation des lieux : c'est important que ce qui y est stocké ne s'abîme pas.

Si la pièce dispose d'une fenêtre, il faut également privilégier une bonne aération afin que l'atmosphère soit aussi saine que possible. Ce n'est que quand l'humidité a été vérifiée, que le grenier a été soigneusement nettoyé et que l'aération a été assurée qu'il est possible de commencer à tout ranger (enfin... tout ce qui n'a pas été jeté, donné ou vendu au préalable).

Une précaution, toutefois : si le grenier est équipé d'une fenêtre de toit, attention à ce qui pourrait être trop proche de cette source de lumière. Les rayons du soleil risquent en effet, avec le temps, de ternir la couleur des vêtements, des nappes, des tapis et autres tissus d'ameublement. Il faut donc les éloigner ou les protéger (grâce à des housses, des cartons...) de cette source de lumière.

Housses, draps et boîtes

Pour des rangements efficaces et bien organisés (et donc durables), pourquoi ne pas utiliser les soupentes en y installant des portants à roulettes (ou des vraies penderies), ainsi que des étagères ? La pente du toit, que l'on considère parfois à tort comme un espace perdu, permet d'aménager facilement un dressing d'hiver (en été) ou un dressing d'été (en hiver). Mais aussi quelques rangements malins pour stocker une foule de petites affaires.

Penser à des housses protectrices en coton qui protègent les vêtements de la poussière, des taches, des mites ou des araignées. Elles peuvent être suspendues à des portants ou être délicatement pliées afin de les placer dans des grandes boîtes de rangement. Les vêtements seront ainsi intacts au moment de les ressortir lors du changement de saison.

Comme le grenier est une pièce peu visitée (sauf peut-être par les enfants qui y voient une fantastique aire de jeux), il est généralement assez poussiéreux. Pour protéger bibelots, archives et toutes les autres affaires, de grandes boîtes en plastique, si possible transparentes (on distingue leur contenu d'un seul coup d'œil), permettent bien des rangements soignés, à l'abri des grains de poussière et des insectes indésirables. Il n'y a plus qu'à apposer sur chaque boîte une étiquette autocollante spécifiant et détaillant son contenu précis.

Enfin, quelques vieux draps en coton (ceux qui garnissaient jadis les lits de toute la maisonnée mais qui sont passés de mode ou un peu trop usés) trouvent ici une deuxième utilité à défaut de bénéficier d'une seconde jeunesse. Ils protègent efficacement tous les meubles stockés sous le toit et peuvent même couvrir (et protéger) les portants auxquels sont suspendus les vêtements hors saison (ne pas oublier de laver régulièrement ces draps de protection afin qu'ils ne s'imprègnent pas de poussière au fil des semaines et des mois).

Chapitre 16

Côté cour, côté jardin

DANS CE CHAPITRE :

» **Comme un (bol d') air de feng shui**

» **Tous aux abris !**

Aahhhh... Le jardin ! Pour les uns, c'est un passe-temps. Une véritable passion. Ce sont les plantes que l'on installe amoureusement dans une terre bien préparée, les haies que l'on taille avec soin, les pelouses tondues avec méticulosité, les fleurs que l'on bichonne... Pour les autres, c'est un superbe espace détente. L'endroit où poser la chaise longue, avec l'apéro à portée de main. L'endroit où l'on reçoit les copains autour d'un plantureux barbecue. Où l'on fait un plongeon dans la piscine, aussi, pour ceux qui ont le privilège d'en posséder une. Les uns comme les autres apprécient un jardin qui ressemble à ce qu'il doit être : une aire de décompression, de détente et de bien-être. Et pas à une sorte de jungle non maîtrisée, voire à une espèce de dépotoir où s'empilent carcasses de bagnoles, vieux pneus usés jusqu'à la corde, citernes dont on ne sait pas comment se débarrasser et autres vieux meubles de jardin à moitié démoli.

Comme un (bol d') air de feng shui

Venu tout droit de Chine, ennemi juré du chaos et du désordre et donc allié précieux au moment de mettre de l'ordre, d'organiser et de ranger, le feng shui s'intéresse aussi au jardin : un lieu de vie où, comme dans les autres espaces de la maison, il faut favoriser la libre circulation du *chi*, cette énergie vitale qui amène partout où elle passe la richesse, le bien-être et le bonheur.

Même s'il est d'une taille modeste, un jardin feng shui bien conçu est idéalement découpé et aménagé en neuf zones distinctes : chacune d'entre elles représentant un univers ou un domaine de la vie au travers de ses formes, des objets qui y sont mis en valeur et de ses couleurs.

Le jardin feng shui doit aussi harmoniser les cinq éléments essentiels (qui sont par ailleurs fort importants pour la très réputée médecine traditionnelle chinoise) : Terre, Eau, Feu, Métal et Bois. Ces cinq éléments doivent absolument se retrouver dans le jardin, mais à des endroits bien précis.

Neuf zones, neuf significations

Sans trop entrer dans les détails, il est cependant intéressant d'évoquer brièvement les neuf zones essentielles du jardin « façon feng shui », qui respire ordre, quiétude et harmonie.

Au sud

Les zones sud symbolisent l'été, mais aussi la renommée et la richesse. L'élément dominant est le Feu, la couleur principale est le rouge (d'où l'intérêt d'y planter géraniums, coquelicots...) et la forme de prédilection est le triangle. C'est là qu'il faut installer de l'éclairage (lampadaires...) et le barbecue.

Le sud-est symbolise le printemps et la richesse (plantations conseillées : glycine, lilas, lavande...) et le sud-ouest est la zone du couple. L'élément dominant y est la Terre et les couleurs à privilégier sont le rose, le jaune, l'orange et l'ocre. C'est là qu'il faut installer le salon de jardin, tous les objets de déco qui vont par paire (comme le couple) et des plantes telles que les jonquilles, les pensées ou les capucines.

Au nord

Le nord est la zone qui symbolise l'hiver et la carrière. L'élément dominant est l'Eau, la couleur est le bleu, la forme est la sinuosité. C'est là qu'il faut intégrer rochers, plantes aquatiques et des fleurs bleues (lotus, iris, pensées...).

Le nord-est représente le savoir et la sagesse. C'est la Terre qui est l'élément dominant. Les couleurs sont le jaune, l'ocre ou l'orange et la forme est le carré. C'est la zone idéale pour installer un banc, une statue ou des poteries. C'est aussi la zone idéale pour faire du yoga. Principales plantes : capucines, narcisses, mimosas... Le nord-ouest symbolise l'automne et l'amitié. Le Métal est l'élément dominant, tandis que les couleurs y sont le blanc, le gris et l'argenté. La forme est le cercle. Plantes à privilégier : le muguet, le jasmin...

À l'est

La zone est représente le printemps et la santé. L'élément dominant est le Bois et la couleur est le vert qui symbolise l'harmonie et l'équilibre. La forme est le rectangle. C'est là qu'il convient d'installer la terrasse et de faire pousser les plantes médicinales.

À l'ouest

La zone ouest est celle de la créativité, de la famille et des enfants. Le Métal est l'élément principal. Le blanc est la couleur dominante. La forme est le cercle. C'est ici qu'il faut installer quelques beaux meubles ou objets en fer forgé, des carillons ou des rochers ainsi que des plantes telles que lis, jasmin ou muguet.

Enfin, **la zone centrale** représente l'unité, l'harmonie et l'équilibre. Elle doit relier toutes les autres zones du jardin. C'est l'espace qui mérite l'entretien le plus rigoureux et qui doit rester dégagé. C'est aussi la zone idéale pour pratiquer le tai-chi-chuan.

Tous aux abris !

Le jardin étant le prolongement de la maison, il est normal de ne pas le laisser le désordre s'y installer. Quel désagréable contraste il y aurait, en effet, entre une maison complètement (ré)organisée et soigneusement rangée d'un côté et, d'autre part, un jardin qui, pour le dire simplement, part à vau-l'eau et ne ressemble à rien !

L'une des meilleures manières de ne pas laisser traîner n'importe quoi n'importe où est d'installer un abri de jardin. Bonne nouvelle : il en existe de toutes les tailles, de tous les styles et pour tous les budgets. Il y en a en PVC (léger et facile à installer), en bois (un must, robuste et esthétique, qui apporte une jolie petite note campagnarde), en métal (parfait pour installer l'outillage encombrant). Il y en a avec ou sans plancher. Avec ou sans fenêtre. Avec des portes simples, doubles ou coulissantes. Il y en a même avec de jolis petits volets et des jardinières à garnir avec ses fleurs préférées. Bref, il n'y a que l'embarras du choix !

Rangement de saison

À chaque saison son rangement !

- » En été, l'abri de jardin accueillera le matériel de chauffage extérieur, les parasols chauffants... ;
- » En hiver, il accueillera le mobilier de jardin, le barbecue, le parasol... ainsi que les plantes, les bacs et autres pots (soigneusement nettoyés et séchés) qui craignent les fortes gelées ;
- » Tout au long de l'année, on y rangera le gros matériel de jardinage : la tondeuse à gazon, le nettoyeur haute pression, la brouette, le scarificateur, le tuyau d'arrosage (vidé de son eau). Sans oublier les outils à main, soigneusement nettoyés après chaque usage et disposés sur des crochets ou dans des rangements adéquats : la bêche, la pelle, le râteau, la fourche, la serpette, le plantoir, la faucille...

EN PRENDRE DE LA GRAINE

Certaines plantes doivent impérativement être mises à l'abri en hiver : bégonia, hibiscus, bougainvillée, orchidée, impatience, pétunia... ainsi que l'immense majorité des plantes grasses.

Les graines, quant à elles, seront précieusement rangées dans des petites enveloppes en papier, voire dans des petites boîtes de pellicules photos (de plus en plus rares). Sur chaque emballage, il faut noter l'espèce, la variété et la date de récolte.

Surtout si elles ne sont pas de qualité biologique, la plupart des graines n'ont qu'une durée de conservation très réduite, qui dépasse rarement un an. Il faut donc bien veiller à la date de péremption car rien ne ressemble plus à une graine qu'une autre graine. Mais le résultat des plantations ne sera pas du tout le même si les graines sont trop vieilles.

Les bulbes et oignons à fleurs peuvent être rangés dans des paniers en osier préalablement garnis d'un carton moulé (type boîte à œufs).

7
La partie des Dix

DANS CETTE PARTIE . . .

La partie des Dix ? Un incontournable ! Un grand classique de tous les ouvrages de la collection « Pour les Nuls ». Une dernière partie en forme de derniers conseils. Dernières astuces. Dernières ficelles. Derniers petits « trucs » pour devenir la fée ou l'as du rangement de la maison. Des petites idées « toutes bêtes, toutes simples », à garder précieusement en mémoire pour organiser et ranger la maison sans fatigue excessive. Sans stress. Dans la joie et la bonne humeur.

Chapitre 17

Dix conseils imparables pour un rangement efficace

DANS CE CHAPITRE :

- **Conseil nº 1 : travailler dans le calme et l'esprit libre**
- **Conseil nº 2 : une place pour chaque chose, chaque chose à sa place**
- **Conseil nº 3 : l'état des lieux, une étape incontournable**
- **Conseil nº 4 : sévère, le tri !**
- **Conseil nº 5 : emballé, c'est listé !**
- **Conseil nº 6 : créer de nouvelles habitudes**
- **Conseil nº 7 : un grand ménage deux fois par an**
- **Conseil nº 8 : réfléchir avant d'acheter**
- **Conseil nº 9 : ne jamais ranger seul(e)**
- **Conseil nº 10 : éviter les excès de zèle**

Oui ! Oui, ranger est vraiment fondamental. Le salon, la cuisine, la chambre, la salle à manger, la buanderie et la salle de bains... jusqu'à la cave, au grenier ou au garage. Oui, ranger est essentiel afin de ne plus vivre dans un perpétuel et horrible chaos, afin de renouer avec un légitime bien-être impossible à trouver en plein désordre. Oui, ranger est indispensable, mais pas n'importe comment. Simplement déplacer un objet d'un point A à un point B n'est pas ce que l'on peut appeler du rangement. Tout juste un déplacement de désordre, et encore... C'est surtout une grosse perte de temps qui n'apporte vraiment rien de positif à la maison et à ses occupants. Si l'on se fie à la définition du dictionnaire, ranger consiste à déplacer un objet pour le mettre à l'endroit *ad hoc*. Celui où il a une place légitime. Celui où on le retrouve facilement dès qu'on en a besoin. Ranger la maison apporte donc soulagement, facilité et bien-être... à condition toutefois de respecter quelques recommandations et de suivre quelques bons et précieux conseils.

Conseil n° 1 : travailler dans le calme et l'esprit libre

Il ne faut surtout pas espérer pouvoir commencer à ranger une pièce – et *a fortiori* toute la maison – en ayant toute la famille, toute la ribambelle d'enfants dans les pattes ! Si tel est le cas, autant se réfugier dans la salle de bains pour s'offrir un bain relaxant ou fuir dans le jardin avec une chaise longue et un bon bouquin. Le rangement nécessite certes une bonne organisation, mais pas seulement. Il exige aussi un certain calme et demande d'avoir l'esprit libre, entièrement dédié à cette tâche. L'astuce consiste à bien choisir son créneau pour se lancer dans l'aventure. Quand le conjoint est au travail ou à la salle de sport. Quand les enfants sont à l'école ou invités chez des copains. Et que l'on est sûr de disposer d'assez de temps pour pouvoir trier, jeter, nettoyer (nettoyage et rangement vont toujours de pair) et – enfin ! – ranger.

Conseil n° 2 : une place pour chaque chose, chaque chose à sa place

Non, les chaussettes n'ont rien à faire dans le divan ! Les bouteilles vides et les assiettes sales ne doivent pas traîner dans une chambre. Les produits de beauté et d'hygiène corporelle n'ont que faire sur le plan de travail de la cuisine. Les factures à payer ne doivent pas être mélangées aux dépliants publicitaires à mettre à la poubelle. Des évidences ? Pas pour tout le monde, manifestement ! Car, sinon, que feraient par exemple ces boîtiers de DVD sur la table de la salle à manger, cette pile de linge sur le lit et ces embrouillaminis de câbles informatiques sur le tapis du salon ? Logique et imparable, l'un des principes de base du rangement est le suivant : une place pour chaque chose et chaque chose à sa place. Une place évidente (les livres de cuisine dans la cuisine, les DVD près de la télévision, les produits cosmétiques dans la salle de bains, le « beau service » de table dans la salle à manger, etc.). Une stratégie qui évite bien des énervements, fait gagner un temps fou et facilite la vie. Que du bonheur !

Conseil nº 3 : l'état des lieux, une étape incontournable

Avant de se lancer, sac-poubelle à la main et bonnes résolutions en tête, dans le rangement d'une pièce, la toute première chose à faire est de... s'arrêter sur son seuil. Et de l'observer d'un œil critique. Puis de vider tiroirs, armoires, placards, étagères, penderies... Bref, de faire un état des lieux sans concession de l'espace à ranger. Oui, d'accord, le fait de se rendre (enfin) compte de tout le bazar qui a été accumulé et du foutoir qui règne sans partage dans les espaces de rangement et dans la pièce peut faire peur. Mais cet état des lieux est une étape indispensable, incontournable. Préliminaire à la suivante qui est tout aussi importante : un tri sévère. Une seule manière de procéder : rationnellement. Tiroir par tiroir, armoire par armoire, pièce par pièce... Ou par catégorie d'objets (la collection de DVD et celle de CD, par exemple).

Conseil nº 4 : sévère, le tri !

Le tri est véritablement au cœur de la notion de rangement. C'est le moment de se débarrasser de tous les objets (et il y en a certainement des tonnes !) abîmés, cassés, oubliés, périmés ou inutilisés depuis longtemps. Le plus grand dilemme est d'arriver à se décider : faut-il les garder, les donner, les jeter, les recycler, les revendre ? Pour certaines personnes, ce ne sont pas les – bonnes ou mauvaises – raisons de tout conserver qui manquent. Tel objet est un cadeau. Tel autre est un souvenir. Un troisième pourrait encore servir, un jour peut-être... Et celui-là, finalement, n'est pas en si mauvais état que ça. Résultat de ces tergiversations : tout continue à s'entasser. Et on ne cesse de se laisser déborder et dominer par une multitude d'objets qui n'ont probablement plus aucune raison d'encombrer les armoires ou les pièces. Au contraire, un tri rigoureux permet non seulement de libérer de l'espace (ce qui est déjà un fameux gain !), mais également de se libérer l'esprit. D'arrêter de vivre sous la domination d'objets qui, en fin de compte, n'en valent pas toujours la peine. Au bout du compte, ce tri et le rangement qui s'ensuit s'apparentent à une véritable libération. Quel soulagement !

Conseil nº 5 : emballé, c'est listé !

Si ranger consiste à trier, jeter, donner, recycler ou revendre, cela consiste aussi à mettre tous les objets dont on ne se sert pas régulièrement à l'abri de la casse, de l'humidité, des insectes nuisibles, des petits rongeurs ou, tout simplement, de la poussière. Boîtes en carton, housses en coton, bacs en plastique, classeurs... sont alors d'une aide précieuse en fonction de chaque objet ou type d'objets. Chaque contenant est ensuite clairement étiqueté de façon à ne pas tomber sur une caisse pleine de vaisselle au moment de chercher les tenues de sports d'hiver ou de ne pas déballer une pile de vieux bouquins alors que ce sont des draps de rechange que l'on tente de retrouver. Des meubles de rangement supplémentaires ne sont pas toujours nécessaires : autant utiliser au mieux ceux qui existent déjà et ne pas surencombrer l'espace avec de nouvelles penderies, armoires ou coffres qui finissent par devenir aussi lourds visuellement que psychologiquement.

Conseil nº 6 : créer de nouvelles habitudes

Après tous les efforts consentis afin de traquer le désordre de pièce en pièce et de combattre le chaos, il serait vraiment dommage de retomber dans tous les mauvais travers qui ont conduit la maison sur le chemin de l'incohésion, de la désorganisation généralisée, en un mot, de la plus catastrophique pagaille.

Puisque cela n'a probablement jamais été fait auparavant, il est donc plus que temps de mener une réflexion en profondeur. De jeter un œil (et même un œil critique) sur la manière dont chacun vit à la maison. Il est aussi grand temps de repérer les mauvais comportements des uns et des autres afin d'en créer de nouveaux. Plus respectueux pour l'habitation et tous les membres de la famille. Meilleurs pour l'harmonie de la maison et le bien-être général.

Conseil nº 7 : un grand ménage deux fois par an

Autre conseil essentiel qui permet d'éviter que le désordre, le fatras et le chaos ne finissent par croire qu'ils sont chez eux dans la maison : prendre son courage à deux mains et désencombrer totalement la maison au moins tous les six mois (soit deux fois par an). Toutes les pièces de la maison doivent y passer, jusque dans les moindres recoins : de l'entrée à la cave, de la chambre au salon, en passant par la cuisine, la salle de bains, la buanderie... À la fin de ce désencombrement semestriel, plus aucun objet ne doit traîner là où il n'a rien à faire. Les livres sont dans la bibliothèque, les vêtements sont rangés dans les dressings ou les paniers de linge sale avant d'être passés en machine, les CD et DVD retrouvent leur place dans la médiathèque familiale, la vaisselle regagne les armoires et placards de la salle à manger ou de la cuisine... L'ordre et l'harmonie sont enfin rétablis... jusqu'au prochain désencombrement total de la maison, dans six mois.

Conseil nº 8 : réfléchir avant d'acheter

La maison est désencombrée ? C'est très bien ! L'idéal, maintenant, est de la maintenir ainsi. Et l'une des (nombreuses) manières d'y arriver est de maîtriser les achats et, d'une manière plus générale, tout ce qui passe la porte et entre dans la maison.

L'idée générale est d'autant plus intéressante qu'elle permet en outre de faire de sérieuses économies. Elle vise, d'une part, à se laisser moins manipuler par les pubs qui poussent les consommateurs à acheter des produits dont ils n'ont pas nécessairement besoin et, d'autre part, à ne plus céder à l'impulsion (irraisonnée) d'achat.

Avant chaque achat, les questions à se poser devraient être les suivantes :

> » Ce produit est-il bon et utile ?
>
> » Y a-t-il de la place dans la maison pour le ranger correctement ?
>
> » Dispose-t-on d'assez de temps (et de courage) pour l'entretenir, en prendre soin, le nettoyer et le ranger après chaque utilisation ?

Certes, la société de consommation telle qu'on tente de nous l'imposer pousse chacune et chacun à acheter toujours plus, même en dépit du bon sens, et donc à dépenser sans cesse, voire à s'endetter. Mais cette manière de procéder n'aboutit qu'à un appauvrissement général ainsi qu'à engorger toujours plus les intérieurs. Avec des objets souvent superflus, voire complètement inutiles. Et forcément encombrants. Pour s'en rendre facilement compte, il suffit de calculer le total des dépenses non essentielles à la fin du mois : le montant peut être effrayant alors qu'il pourrait être plus utilement consacré à d'autres choses plus indispensables, plus agréables ou plus utiles.

Le fait de bien maîtriser les achats permet d'avoir en poche plus d'argent que ce qu'on ne croit (ou, en tout cas, beaucoup plus d'argent que lorsque l'on cédait aux achats impulsifs et inutiles) et d'éviter l'encombrement désastreux de la maison. Un beau coup double !

Conseil nº 9 : ne jamais ranger seul(e)

À moins de vivre en solo, le rangement de la maison n'est pas – et ne doit jamais être ! – l'affaire d'une seule personne. Tout le monde participe peu ou prou au désordre ? Tout le monde doit participer au rangement ! Il n'y a absolument aucune (bonne) raison pour que l'un ou l'autre membre de la famille devienne le « responsable rangement » pour tous les autres. L'idée est plutôt que tout le monde soit responsabilisé, que tout le monde participe à parts égales (on fera une exception pour le nourrisson au fin fond de son berceau !) aux travaux de rangement. Pas question de s'entendre dire « pas le temps », « pas envie » ou « ferai ça demain » par l'un ou l'autre. Premières cibles de cette joyeuse (?) collaboration : les enfants. Car le rangement (et même le rangement systématique de toute chose) fait partie intégrante de leur éducation et de leur responsabilisation. Un enfant désordonné est un enfant mal élevé. Qui, sauf miracle (encore faut-il y croire...) n'aura jamais la moindre notion de responsabilité. Bref, ranger en culottes courtes est un impératif. Dès leur plus jeune âge, il faut apprendre aux « chères petites têtes blondes » à ranger au fur et à mesure, en leur montrant tous les bénéfices plutôt qu'en transformant cela en corvée, voire (encore pire !) en punition.

Conseil nº 10 : éviter les excès de zèle

Une seule envie après avoir lu ce livre : devenir la Superwoman ou le Superman du rangement et de l'organisation ! Ouh lààà ! Du calme ! Car en matière de rangement comme pour tout le reste, l'excès nuit en tout. Être ordonné, organisé et rangé, c'est parfait. Être excessif l'est nettement moins. Ranger les livres en ordre logique (par auteur, par thématique...) dans la bibliothèque, c'est génial. Les ranger en fonction de leur taille, de leur couleur et de leur épaisseur peut devenir un chouia outrancier. Et même complètement contre-productif. En matière de rangement, l'excès de zèle peut devenir le meilleur (le pire ?) ennemi du rangement bien pensé. L'idée générale du rangement est d'accroître le bien-être général dans la maison, mais aussi de se simplifier la vie. Inutile, donc, d'ajouter des contraintes qui finissent par compliquer la vie quotidienne, ce qui est l'inverse du but recherché. Bien faire, c'est excellent. Vouloir trop bien faire peut être à l'opposé de l'objectif fixé : vivre dans une maison en ordre, bénéficier d'un réel bien-être général, gagner de l'espace et gagner du temps.

Chapitre 18

Dix (bonnes) habitudes quotidiennes pour garder une maison en ordre

DANS CE CHAPITRE :

- **Habitude n° 1 : faire son lit**
- **Habitude n° 2 : vider le lave-vaisselle**
- **Habitude n° 3 : ranger chaque soir**
- **Habitude n° 4 : trier le courrier**
- **Habitude n° 5 : quitter une maison en ordre**
- **Habitude n° 6 : nettoyer et ranger la cuisine**
- **Habitude n° 7 : répertorier les tâches ménagères**
- **Habitude n° 8 : respecter la routine**
- **Habitude n° 9 : vérifier chaque pièce avant de la quitter**
- **Habitude n° 10 : prévoir du temps**

Ouf ! Ça y est ! La maison est en ordre. Enfin ! Quel boulot ! Maintenant que le plus dur est fait, une réflexion s'impose. Et une question aussi : pourquoi la maison était-elle en désordre auparavant ? Par manque d'expérience, avec des parents qui n'ont jamais montré le « bon exemple », ni des méthodes pour vivre dans un intérieur organisé et rangé respirant le bien-être ? Par un « manque de temps » qui, dans l'immense majorité des cas, n'est jamais qu'un manque d'organisation et de (bonne) volonté ? À cause d'une certaine dose de « je-m'en-foutisme » et d'un manque de respect flagrant pour soi et pour les autres occupants des lieux ? À cause de mauvaises habitudes et d'un vrai laisser-aller ? Dans la plupart des cas, il n'y a pas vraiment une seule cause au désordre, mais bien une conjonction de plusieurs facteurs. Avec, toutefois, une constante : les mauvaises habitudes de vie.

Au quotidien, il existe différents moyens de créer de bonnes habitudes qui permettront de conserver une maison en ordre, organisée et harmonieuse. Voici donc une dizaine de nouvelles habitudes à intégrer dans la routine journalière. Ensemble, elles permettent de préserver les rangements effectués et l'ordre établi dans la maison pour le mieux-être de toutes et de tous.

Habitude n° 1 : faire son lit

Autant bien commencer la journée ! L'une des premières habitudes à acquérir est de faire son lit chaque matin. L'idéal est de le faire après le passage à la salle de bains (pendant ce temps, le lit a le temps d'aérer, toutes fenêtres grandes ouvertes). Faire son lit ne prend que quelques minutes mais, comme il s'agit en principe du meuble essentiel, central, de la chambre, le faire procure immédiatement un effet « rangé » à la pièce.

Habitude n° 2 : vider le lave-vaisselle

Vider le lave-vaisselle chaque matin et ranger aussitôt la vaisselle propre dans les armoires et autres placards de la cuisine permet de commencer la journée avec une cuisine propre, ordonnée, en un mot, prête à l'emploi. Comme faire son lit, vider le lave-vaisselle ne prend que quelques petites minutes. Impossible, donc, de prétexter le manque de temps pour ne pas s'acquitter de cette tâche routinière et essentielle.

Habitude n° 3 : ranger chaque soir

Cela ne prend qu'une dizaine de minutes chaque soir. Au pire, un quart d'heure. Chaque soir, avant de passer à la salle de bains et de se préparer pour une bonne nuit de sommeil, pourquoi ne pas consacrer un petit moment à mettre un peu d'ordre dans la maison ? Histoire de terminer la journée sur une tâche valorisante (car elle apporte un véritable « plus » à toute l'habitation et au bien-être familial) et de pouvoir commencer la journée du lendemain dans une maison bien rangée et, donc, dans de bonnes conditions.

Habitude n° 4 : trier le courrier

Le courrier est relevé tous les jours. Alors, pour ne pas se laisser déborder, il faut s'en occuper tous les jours aussi. À commencer par le diviser en plusieurs piles, une pour chaque membre de la famille. Et en jetant aussitôt tout le courrier qui ne présente strictement aucun intérêt et qui est loin d'être nécessaire (dépliants publicitaires, tracts électoraux...). Classer dans une pochette dédiée les factures à payer, dans l'ordre des échéances. Mettre ensuite en évidence le courrier à traiter et auquel il faudra répondre (pour une plus grande efficacité, il est possible de traiter l'ensemble de ce courrier une fois par semaine, pendant le week-end, par exemple).

Habitude n° 5 : quitter une maison en ordre

Il n'y a rien de plus désagréable, de plus agaçant, de plus démoralisant que de revenir soir après soir dans une maison en désordre. Une maison qui n'est qu'un gigantesque gourbi. Qui vit sous le signe du laisser-aller et sous la double domination du fatras et de la pagaille. Surtout après une journée stressante, entre collègues pas toujours sympas, transports en commun systématiquement bondés et en retard, petits chefs un peu bornés, réunions aussi longues qu'inutiles et avalanches de mails qui sont loin d'être aussi importants que ce qu'ils prétendent. Pour éviter d'avoir le coup de grâce en poussant la porte de la maison, la seule solution efficace est de quitter la maison comme on aimerait la retrouver : propre et en ordre.

Habitude nº 6 : nettoyer et ranger la cuisine

Cuisiner ou manger dans une cuisine qui ressemble à un chantier ou à un champ de bataille est tout sauf agréable. Que pourrait-il y avoir de sympa au fait de savourer son croissant entre deux casseroles sales ? Ou avec les restes du dîner de la veille sous le nez ? Après chaque utilisation – que ce soit pour mitonner de bons petits plats ou pour manger –, la cuisine doit être nettoyée et remise en ordre : la vaisselle doit être faite et rangée (ou mise dans le lave-vaisselle), les aliments remisés dans le réfrigérateur ou les placards, les ustensiles de cuisine rangés dans les armoires ou les tiroirs... Pas une fois de temps en temps, mais systématiquement après chaque repas ou préparation de repas : le matin après le petit déjeuner, le midi après le déjeuner et le soir après le dîner.

Habitude nº 7 : répertorier les tâches ménagères

Voilà une habitude essentielle. L'une des bases d'une bonne organisation. Stylo et bloc-notes à la main, l'idée est de faire le tour de la maison, de l'appartement ou même du studio afin de répertorier toutes les tâches ménagères à effectuer. Noter tout ce qui doit être rangé, nettoyé, trié, vérifié... C'est la meilleure façon de ne rien oublier. L'idée est de détailler tout ce que cela inclut : actionner le lave-vaisselle ou le vider, mettre le linge dans la machine, repasser le linge et le ranger aussitôt dans les penderies, nettoyer et ranger la salle de bains après chaque utilisation...

Habitude nº 8 : respecter la routine

Non, une routine n'a rien de débilitant ou de sclérosant. Oui, une routine peut, à l'inverse de l'anarchie et de la désorganisation la plus totale, être bénéfique pour apporter harmonie et bien-être au cœur de l'habitation. Suivre les routines et les divers plannings mis en place permet de faciliter la vie quotidienne. Et donc de la rendre plus fluide. Plus agréable. Et plus efficace aussi.

Habitude nº 9 : vérifier chaque pièce avant de la quitter

Salon, cuisine, chambre, salle de bains, garage... : peu importe la pièce de la maison. Avant de quitter une pièce, il faut vérifier que chaque chose est à sa place. Que tout est soigneusement rangé. Que tout ce qui n'a rien à faire dans la pièce est évacué et rangé à sa « juste place ». Cette manière de faire permet d'éviter de revenir dans une pièce en désordre et donc peu accueillante, stressante, inhospitalière.

Habitude nº 10 : prévoir du temps

Peu importe la tâche envisagée : il faut toujours prévoir quelques minutes de plus que le temps estimé pour s'en acquitter. S'offrir une marge de manœuvre pour chaque tâche permet de ne pas se stresser, de ne pas se sentir perpétuellement débordé, « à la bourre ».

Chapitre 19

Le rangement en dix citations célèbres

DANS CE CHAPITRE :

- **Le rangement, ce qu'ils en ont dit…**
- **Les vertus du rangement en quelques bons mots**

Humoristes, écrivains ou intellectuels, nombreux sont ceux qui ont évoqué le rangement et ses vertus dans leurs « petites phrases ». Ironiques ou non, elles donnent, toutes ensemble, une autre vision du rangement. Histoire de terminer sur une petite note de légèreté !

1. « La poubelle est le meilleur des accessoires de rangement. »

Frédéric Dard, écrivain français

2. « Les vrais souvenirs, c'est dans la tête que ça se range. »

Monique de Gramont, romancière, essayiste et journaliste canadienne

3. « Une chambre d'enfant à ranger, c'est une vie à construire. »

Daniel Pennac, écrivain français

4. « Quand un mari vous surprend chez sa femme, blotti dans un placard, dites-lui que vous avez toujours été un homme rangé. »

Robert Rocca, chansonnier français

5. « On ne met pas son passé dans sa poche. Il faut avoir une maison pour l'y ranger. »

Jean-Paul Sartre, écrivain français

6. « Au fond, est-ce que ranger, ça ne revient pas un peu à foutre le bordel dans son désordre ? »

Philippe Geluck, dessinateur belge

7. « C'est voluptueux de ranger, mais c'est tuant. »

Françoise Giroud, journaliste,
écrivaine et politicienne française

8. « On ne jette pas un livre, on ne le brûle pas, on ne l'abîme pas, on en prend soin, on le range, on en est fier. »

Bernard Pivot, journaliste et animateur
de télévision français

9. « L'ordre : caractère créatif du rangement. »

Pierre Dehaye, haut fonctionnaire français

10. « On se fait une idée précise de l'ordre, mais non pas du désordre. La beauté, la vertu, le bonheur, ont des proportions ; la laideur, le vice et le malheur n'en ont point. »

Jacques-Henri Bernardin de Saint-Pierre,
écrivain et botaniste français

Annexe

Pratiques et esthétiques, les accessoires de rangement

Ranger, c'est bien, mais dans quoi ? Heureusement, des bricoleurs ingénieux ont pensé à nous : ils ont créé des petits objets qui nous facilitent la vie, à des prix modiques, et disponibles sur le Net. Ranger devient ainsi un plaisir !

Voici une sélection dont nous avons testé l'efficacité. Demandez les catalogues de VPC ou consultez-les sur le Net, chaque saison apporte de nouvelles astuces.

Dans la cuisine

» **Pour les produits d'entretien :** un rangement modulable à placer sous l'évier, qui s'adapte en fonction de votre tuyauterie, d'une largeur de 45 à 75 cm pour environ 25 euros (`www.tempsl.fr`).

Si vous avez de jeunes enfants, pensez à un système de sécurité pour bloquer la porte du placard (`www.ikea.fr`).

» **Pour les denrées alimentaires :**

- des plateaux tournants, simples, doubles ou triples, de 24 ou 27 cm de diamètre (`www.carrouselcastel.com`) ;
- des bocaux transparents hermétiquement fermés pour stocker pâtes, riz, chapelure, sucre, farine…

à l'abri des mites alimentaires, de 5 à 10 euros selon la taille (www.ikea.fr) ;

   - des paniers métalliques à glisser sur les étagères des placards, pratiques pour les conserves, 3,50 euros l'unité (www.ikea.fr) ;

- **Pour les bouteilles :** des casiers métalliques ou en bois, de 9 à 50 bouteilles, de 15 à 55 euros (www.ikea.fr) ;
- **Pour les verres à pied :** un porte-verres à pied à installer au mur, pour ranger de 12 à 18 verres à pied à portée de main. Utile si vous vous servez de ces verres très souvent, voire tous les jours. Pour une utilisation occasionnelle, mieux vaut les mettre à l'abri de la poussière et des vapeurs grasses (www.amazon.fr, www.castorama.fr, www.leroymerlin.fr) ;
- **Pour les torchons :**
   - accroche-torchons sous forme de crochets ou de barres, qui s'installent à cheval sur les portes des placards bas, 5 euros en moyenne (www.tempsl.fr) ;
   - accroche-torchons barre magnétique à poser sur la porte du réfrigérateur, à partir de 15 euros (www.amazon.fr…) ;
- **Pour le papier d'aluminium ménager, le film, l'essuie-tout :** les dérouleurs multifonction pour 3 rouleaux à appliquer au mur, à partir de 25 euros (www.amazon.fr, www.rueducommerce.fr, www.tempsl.fr) ;
- **Pour les légumes :** ils n'ont pas tous leur place dans le réfrigérateur. Pommes de terre, oignons, échalotes, ail aiment l'ombre, la fraîcheur et une atmosphère bien aérée. Pour eux, les bacs à légumes à claire-voie sur roulettes, sous forme de paniers suspendus sont parfaits. À partir de 15 euros (www.amazon.fr, www.tempsl.fr).

Dans la chambre, le bureau, les chambres d'ados et d'enfants

Pour les revues, catalogues, jeux, DVD, ouvrages en cours (tricot, tapisserie, etc.) : des poufs de rangement de couleur qui servent aussi de sièges d'appoint dans presque toutes les pièces de la maison, à un prix modique, compte tenu du service rendu au prix de 17,40 euros l'unité (www.linvosges.fr).

Dans le séjour

» **Pour les revues, lunettes, télécommandes, mots croisés, sudokus, stylos, bref, tout ce dont on a besoin lorsque l'on se repose dans un fauteuil du salon :** un organisateur de fauteuil, muni de six poches, qui se pose sur l'accoudoir et qui permet d'avoir sous la main toutes vos petites affaires. Pratique pour les mettre à l'abri des menottes des jeunes enfants ! À partir de 16 euros (www.amazon.fr, www.tempsl.fr…) ;

» **Pour les ouvrages en cours (tricot, tapisserie…) :** une simple corbeille en osier de couleur, à acheter au marché de votre ville, ou sur les sites comme www.cyrillus.fr ;

» **Pour les revues :** un porte-revues design en métal, 30 euros environ (www.cyrillus.fr, www.linvosges.fr).

Dans le dressing

» **Pour regrouper toutes les chaussures :**

- une armoire à chaussures avec portes, contenant de 15 à 30 paires, pour 50 euros environ (www.tempsl.fr) ;
- une étagère à chaussures en tissu imprimé à suspendre à une tringle, avec 8 ou 9 étages de 2 alvéoles coordonnée à des housses pour vêtements (www.linvosges.fr) ;

- **Pour les bottes hautes :** un range-bottes, qui maintient la botte verticale, semelle en haut afin de ne pas abîmer le cuir et éviter les pliures et les cassures, 14 euros pour deux paires (`www.tempsl.fr`) ;
- **Pour les cravates :** un cintre porte-cravates qui en contient une vingtaine, pour environ 13 euros (`www.cyrillus.fr`, `www.amazon.fr`) ;
- **Pour les ceintures :** un cintre porte-ceintures, pour une dizaine de ceintures, pour environ 13 euros (`www.lapeyre.fr`, `www.castorama.fr`, `www.cyrillus.fr`, `www.amazon.fr`) ;
- **Pour les serre-têtes… et les nœuds papillon :** un cintre multifonction à 1 euro pièce (`www.ikea.fr`) ;
- **Pour les colliers et les sautoirs :** un cintre qui permet de les suspendre et d'éviter ainsi qu'ils s'emmêlent dans un coffret, 5 euros environ (`www.tempsl.fr`) ;
- **Pour les boucles d'oreilles (oreilles percées ou non) :** des présentoirs esthétiques, pour environ 25 euros (`www.amazon.fr`, `www.presentoirs-pour-bijoux.com`) ;
- **Pour les vêtements des invités les jours de fête :** un portant pliable, sur lequel vous accrochez des cintres, 10 euros environ (`www.ikea.fr`).

FAITES DE LA RÉCUP !

Vous avez besoin de boîtes pour ranger. Il est toujours possible d'en acheter, mais autant récupérer les boîtes vides en bon état : boîtes à chaussures, boîtes de cartes de visite ou de correspondance, boîtes de friandises (pour ranger les boutons, les trombones, les gommettes des enfants…). Selon leur état, recouvrez-les de papier cadeau, ou peignez-les. Collez une étiquette pour indiquer le contenu, et empilez-les dans les placards, les étagères, de la cave au grenier. Gardez aussi le papier de soie, qui peut vous servir à emballer les objets fragiles (boules pour sapin de Noël, par exemple, ou cristaux délicats dont vous vous servez une fois par an). Attention : en voulant garder « pour le cas où vous en auriez besoin », prenez garde à ne pas être envahis.

Dans la chambre

Pour les vêtements : les valets de nuit, classiques ou design, simplissimes ou raffinés, pour ne plus déposer ses vêtements n'importe où quand on se déshabille, et prendre la bonne habitude de préparer ses affaires la veille pour le lendemain. À partir de 40 euros environ (www.laredoute.fr, www.valet-de-nuit.com, www.amazon.fr).

Dans la salle de bains

Pour le linge à laver : sac à linge en tissu, ou panier en plastique, en teck ou en osier, à partir de 5 euros (www.laredoute.fr, www.ikea.fr, www.deco.fr, www.amazon.fr...).

SUR MESURE : LE MUST !

Petites surfaces et multiples objets : pas simple d'avoir un intérieur net et esthétique ! La formule magique, ce sont les placards coulissants, qui permettent de cacher ce qui n'est pas beau et d'exposer ce qui le mérite. L'idée est tout simplement géniale : on double un mur sur toute sa hauteur avec deux étagères peu profondes coulissantes. Vous y rangerez des livres de poche, les livres un peu abîmés auxquels vous tenez, les CD, les DVD, des dossiers, et même des chaussures, de la lingerie (dans des sachets en plastique transparent pour la mettre à l'abri de la poussière et trouver d'un coup d'œil ce que vous cherchez).

Attention : si vous êtes locataire, vous ne pourrez probablement pas partir avec vos étagères et négocier une reprise ne sera pas forcément facile !

Index

C

F

L

M

N

O

P

Q

R

S

T